JN068954

アフターコロナの観光学

COVID-19以後の「新しい観光様式」

遠藤英樹 編著

新曜社

はじめに

二〇一九年十二月三十一日、中国・武漢市衛生健康委員会が、武漢市における原因不明のウイルス性肺炎が発生したことを発表した。新型コロナウイルス感染症（COVID-19）である。この感染症は欧米や中東など世界各地にも流行し始め、二〇二〇年三月十一日には世界保健機関（WHO）はパンデミックの状況にあると発表した。

ウイルスが世界中に拡散する状況のなか、観光は大きな危機におちいった。東京オリンピック・パラリンピックの延期もそのひとつの例であったと言える。三月二十四日に、IOC（国際オリンピック委員会）は、オリンピック・パラリンピック大会史上はじめて一年程度の大会延期を承認した。これによって航空会社や鉄道会社などの交通産業、ホテル・旅館などの宿泊産業をふくめた観光産業は大きな打撃をうけることになったことは間違いないだろう。

それればかりではない。イギリス、イタリア、フランス、マレーシアなどの各都市では、必要不可欠な場合をのぞき外出が許されない厳しい「ロックダウン」状況におかれ、やむを得ず外出したい人は当局から許可を得なければならなくなった。あれほどに観光客であふれかえっていたはずの街には、もはや人がほとんど歩くことはなくなったのである。日本でも二〇二〇年四月七日に東京都、神奈川県、埼玉県、千葉県、大阪府、兵庫県、福岡県の七都府県を対象に一回目の緊急事態宣言が発出され、同月十六日には宣言の対象が全四七都道府県に拡大した。そのなかで、たとえばオーバーツーリズム状況のもと京都であれほど多くいたはずの観光客もほとんどいなくなってしまった。

観光は「不要不急」の活動とされ、他の都道府県からやって来た訪問客に対して白い眼が注がれるようになったのである。だが、私たちは観光するなかで「自由に移動すること」「自由に集うこと」「自由に遊ぶこと」を手に入れてきた。それを私たちは、簡単に手放してしまって良いものなのだろうか。「移動の自由」「集う自由」「遊ぶ自由」――これは、人間が社会を築くうえで非常にエッセンシャルなことではないのか。

このことについて、大澤真幸・國分功一郎『コロナ時代の哲学――ポストコロナのディストピアを生き抜く』(左右社)において紹介されている、米国の心理学者ゴードン・G・ギャラップによる「ミラーテスト」は興味深い(大澤・國分 2020: 21)。それは、生まれてからすぐに隔離されて育てられた一歳半のチンパンジー三個体を二組に分け、二個体は同じ部屋に置き、お互いのところを自由に移動し合いながら、お互い触れ合ったりできるように育てるが、一個体はアクリル板のような透明な壁によって隔てて育てる、という実験である。

その結果はどうなったか。結果、透明な壁を置かなかったチンパンジーは、「他者が何か」を知ることを通じて、鏡をみせるとそれが自分だと認識できるようになるのだが、透明な壁を置いたチンパンジーはそうではなかったのである。そのチンパンジーは「他者が何か」が分からず、鏡をみせるとそれが自分だとも認識できない。それどころか関心すら示さなかったのである。

この知見は、人間にも応用可能なのかもしれない。もしそうなら、移動し、互いがふれあい、遊ぶということが、他者に関心を示し、自分を知り、それによって社会を築くうえで決定的に重要なことなのかもしれないのである。

だが「社会」という同じ用語を用いていたとしても、COVID-19以後の私たちの社会は、まったく別様に変容しているのかもしれない。「他者」もそうである。いまや私たちは、「ソーシャル・ディスタンス」をとることのない「他者」など想像することなどできなくなっているのではないか。そうした〈社会の変容〉や〈他者の変容〉は、デジタルテクノロジーの進展とも密接に結びついている。

たとえば、COVID-19をきっかけに、私たちはZoomなどを用いた大学の授業を当然のように行うようになっている。そうしたオンライン授業において、顔を出すべきケースとそうでないケースといった線引きや選定を行っているのではないか。そのなかで私たちは、他者に対する距離を調整し、大学の友人や教員との関係をその都度その都度修正しているのではないだろうか。

観光もまた、デジタルテクノロジーの進展とも密接に結びついた〈社会の変容〉や〈他者の変容〉のなかでとらえ直していくべきだろう。それは、〈Ｚｏｏｍというアーキテクチャーにおける所作を身につけ、ソーシャル・ディスタンスを身体的に内面化した私たちが「移動の自由」「集う自由」「遊ぶ自由」をいかに手に入れることができるのか〉、といった問いへと結びついていくだろう。そして、こうした時代において観光が、観光客、地域住民、ローカルな文化や自然に何をもたらしていくようになるのかを再考する必要がある。そこで本書で、私たちは、「社会」「他者」「モビリティ」「リスク」「デジタルテクノロジー」「歓待」「主体性／受動性」「地域（ローカリティ）」「パフォーマンス」などを共通のキーワードとして、観光に関するラディカルな再考を試みることにした。

＊

本書は二部から構成されている。Ⅰ部は「アフターコロナの観光に関する社会理論」であり、どちらかといえば理論的な考察を志向した論稿となっている。Ⅱ部は「アフターコロナの観光に関するフィールド的考察」であり、特定のフィールドに焦点を絞った論稿である（もちろんそのような区分が厳格になされているわけではなく、Ⅰ部においてもフィールドの成果がもちこまれているし、Ⅱ部においても理論的な考察が展開されている）。以下では簡単に各章の概要を示しておこう。

まずＩ部「アフターコロナの観光に関する社会理論」に収められている章から紹介したい。

１章「「歓待を贈与する観光」へのディアレクティーク」（遠藤英樹）では、まず、現代社会が、人、モノ、資本、情報、データ、イメージ、観念、技術などがたえず移動する世界を現出させたということが確認され、現代のＣＯＶＩＤ－19の感染拡大の状況では、国境を越えていくようなモビリティ（移動）などなくなったからこそ、現代は「モビリティの時代」なのだと主張される。現在のように観光をはじめ人のモビリティがとまってしまっているのは、ウイルスが世界中を移動し、ＣＯＶＩＤ－19がパンデミックに流行してしまったためである。そのようにＣＯＶＩＤ－19がグローバルなかたちでパンデミックに流行したのは、人やモノのモビリティを介してなのである。いわば観光は世界に対して、ウイルスという「リスクの贈与」を行ったのだと筆者は言う。そしてデジタル革命を経た観光は、ＣＯＶＩＤ－19以後に「リスクの贈与」を経て、そこから弁証法的に、「歓待の贈与のネットワーク」を発動させる装置となっていく可能性があるという、ある種アクロバティックな議論を試みようとする。

２章「メディアと化す旅／コンテンツと化す観光――バーチャル観光による「体験の技術的合成」を考える」（松本健太郎）は、ＣＯＶＩＤ－19以前から進展してきた現代的なメディア環境の急速な変容を概観したうえで、いくつかの事例をもとに「バーチャル観光」のコンテンツを分析の俎上に載せる。観光をめぐる「メディア」と「コンテンツ」の今日的な関係性を概観しながら、COVID-19によって「予期空間」に裂け目が生じたとしても、その裂け目は現代的なメディア環境においては即座に修復されてしまい、遅かれ早かれ、コンテンツを供給する枠組みが技術的に復旧される。たとえデバイスに表示される情報と、それが指し示す現実とのあいだに乖離が生じる瞬間があったとしても、それはアプリ内の情報が更新されることで、あるいはほかのプラットフォームを参照することで速やかに補正される。それゆえ、もはや旅は「コンテンツ」を供給する源泉にはなりえたとしても、自己の身体をインターフェイスとしながらアイデンティティやリアリティを探求するための「メディア」にはなりにくいとされる。

3章「アフターコロナ期に向けたオンラインツアーの仕組みづくり」（渡部瑞希）は、COVID-19の感染拡大状況にあって多くの旅行会社が着手した「バーチャル観光」「オンラインツアー」を旅行会社へのインタビューをふまえて詳細に考察する。対面を回避しつつ旅行気分を味わえるオンラインツアー事業は、COVID-19の感染拡大状況における一過性のサービスと思われがちであるが、実際のところ、そうした仮想的な観光経験は、従来の対面型の観光経験の価値やリアリティにさまざまな変容をもたらしているのだと言う。同時に、オンラインツアーはリアルな観光の「型落ち版」などではなく、リアルな観光とは別領域の全く新しい観光形態として発展可能であるとされる。

4章「ソーシャル・ディスタンスはなぜそう呼ばれるか――旅を再想像するための一考察」（高岡文章）では、「ソーシャル・ディスタンス」という語に注目しながら議論が展開される。COVID-19の感染拡大状況にあって、「ステイホーム」と並び、「ソーシャル・ディスタンス」という言葉が繰り返し語られてきた。この用語は本来的には、物理的・身体的な距離を指しているはずのものである。そうであるならば、物理的・身体的な距離をあらわすために、なぜ「フィジカル」ではなく「ソーシャル」の語が用いられるのか。筆者は、この問いを糸口に、「デジタルテクノロジー」と「新型コロナウイルス感染症（COVID-19）時代における親密性と距離」の関係性を再考するとともに、現代社会における社会性の諸相についてアプローチする。そのなかでソーシャルであるはずのものが、あたかもフィジカルなものとしてのみ把握されていくことを問題視し、ソーシャルをフィジカルへと置き換えるオセロゲームが観光にも及ぶようになっていると述べる。

5章「選択にいたる過程――あるいは〈ともにある観光者〉への想像力について」（石野隆美）では、観光に関わる「選択」という行為が、COVID-19以後に、その意味の再考を求められているのだと問題提起される。「選択」できること、それはしばしば、合理的な判断に基づき責任と結果を自らに引き受ける近代的個人の「主体性のあかし」とみなされてきた。COVID－19の感染拡大状況にあって国境・県境を越えて移動する人々や観光者に対する道徳的非難が問題化している根本には、「移動する人間は自由で能動的に選好を働かすことができる主体的な個人である（がゆえに招いた結果は自己責任である）」という近代的個人像の回帰を見て取ることができる。筆者は人類学者アネマリー・モルが糖尿病医療の現場から引き出した二つのロジック（「選択のロジック」と「ケアのロジック」）を補助線に、観光者に対する道徳的非難が立脚する論理を相対化する方途を検討している。そして「主体性」に紐づけられていた行為である「選択」を、受動性において特徴づけなおすことが可能であると主張する。

6章「観光研究の存在論的転回――非－人間的存在（新型コロナウイルス）と観光」（橋本和也）では、新型コロナウイルスという非人間的存在の世界的蔓延によって、観光のあり方のみならず、観光研究も大きな変容が迫られていることが述べられる。それは、どのような変容か。それは、非人間的存在であるコロナウイルスのみならず、ときに災いを引き起こす自然（海・山・川）や霊的存在などがもつパースペクティヴから世界を見直す存在論的思考への転回である。このような存在論的思考への転回によって、地域の「民俗的世界」に〈すまう〉あらゆる存在が主体となり、相互に対話・交渉をするなかで立ち現れてくる「地域文化資源に、地域で発見・創造したストーリーを付与し、発信する観光」が促されるのだと言う。

7章「リスク社会と観光――COVID‐19危機のなかの観光について考える」(須藤廣)では、社会学者ウルリッヒ・ベックの「リスク社会論」の議論なども ふまえて、現代社会が生み出すリスクには、近代科学技術をもってもコントロール不能なものが存在し、その種のリスクの解決には、間主観的な認知的合意のあり方が問われると主張される。まさにCOVID‐19が観光にもたらしたインパクトはその一つなのであって、観光は元来、市場外部にある諸領域を、市場へと引き入れ、また独特の流動的現実と関係性を創り上げるゆえに、リスク社会の不確実性を拡大させる特徴を持つのだと述べられる。そしてCOVID‐19以後の観光にあっては、リスクに対して配慮し応答する(リスポンシブルな)ゲスト側の実践が否応なく求められ、地域の観光における地域住民と観光客の合意形成が必要となると結論づけられる。

Ⅱ部「アフターコロナの観光に関するフィールド的考察」に収められている章の概要は、以下の通りである。

8章「歓待と非歓待のあわいで揺れる――与論島にみるCOVID‐19時代の観光移動と観光地」(神田孝治)では、多様な移動ばかりでなく境界や不動などとの関連性も考えるために、COVID‐19とツーリズム・モビリティーズの関係について与論島をフィールドとして考察が行われる。まず、COVID‐19とツーリズム・モビリティーズの関係性について概説し、COVID‐19の影響によって、強制力もスケールも多様な境界が重なり合うなかで観光客の移動が制限されたこと、観光移動に関連するさまざまな差異・矛盾・対立といったものが前景化したこと、そして新しい観光移動のあり方が創造されたり加速したりしたことが指摘される。次に与論島の事例にひきよせながら、ＣＯＶＩＤ‑19時代における観光客の移動制限、来訪する観光客への地域の反応、そして同島の特徴と結びついたツーリズム・モビリティーズの様相について議論が展開されている。こうした議論のなかで、移動だけでなく境界や不動などの静的な特徴に注目しつつ、ＣＯＶＩＤ‑19に対応した観光客の移動制限の状況とともに、観光客の歓待と非歓待の様相や、新しい観光移動のあり方が検討される。

９章「パフォーマンスのインボリュージョン――ウィズＣＯＶＩＤ‑19の浅草における和装と写真と食べ歩き」（鈴木涼太郎）は、ＣＯＶＩＤ‑19の感染拡大以降の東京・浅草で、和装をして楽しむ観光客たちの観光パフォーマンスの変化を考察する。アフター／ウィズ・ＣＯＶＩＤ‑19の観光をめぐっては、すでに多様な議論が交わされているが、一方で、コロナ禍の観光地の現状を微視的に調査する研究は、必ずしも十分に蓄積されていない。そこで鈴木は、ＣＯＶＩＤ‑19感染拡大後に浅草を訪れる観光客を対象とした路上観察調査をもとに、ＣＯＶＩＤ‑19の感染拡大後の観光のあり方について検討を試みる。その結果、浅草を和装で楽しむ観光客たちが、従来の観光パフォーマンスをコロナ禍という状況へ適応させるべく行う非常に微細で、戦術的な対応を行っていることを明らかにし、それを、COVID-19がもたらした「観光パフォーマンスのインボリューション（内旋）」として概念化していく。

10章「オーバーツーリズムに冷水を浴びせたCOVID-19――世界遺産都市ジョージタウンは「節度ある観光地」へと仕切り直すべきだ！」（藤巻正己）では、ペナン島（マレーシア）の中心市であるジョージタウンを事例に議論が展開される。ジョージタウンは世界遺産登録を契機に国際的な観光地となり、老朽化したショップハウスもゲストハウス、ブティックホテル、カフェやレストランなどに転用されるなど、街並みは急速に変容した。またペナン政府による「芸術の島 ペナン」プロジェクトによって、ショップハウスの壁面を活用したウォールアートやワイヤアートが新たな観光アトラクションとなり、クルーズ船やLCCの利用客など地元の人口を上回る大量のツーリストが押し寄せるようになった。これまで外部者が入ることのなかった十九世紀以来の華人の桟橋集落も、まるで「テーマパーク」のような「観光村」へと急変していた。そうしたときCOVID-19の感染拡大はジョージタウンの過度な大衆観光地化に冷水を浴びせることとなったのである。そしてペナンの事例をふまえて、筆者は、訪れる人々と迎える人々の間で節度ある交流・交歓をともなう観光について、あらためて地元社会、行政・メディア・観光産業、ツーリストがともに自覚的に（再）構築していくことが重要となると主張している。

11章「観光を取り込む・放置する――インドネシアから再考する観光のレジリエンス」（間中光）では、インドネシアのジャワ島中部に位置するムラピ山の観光を事例に議論が展開される。ここは世界有数の活火山として知られており、その山麓に居住する住民たちは、火山の恩恵を享受する一方、噴火という不確実性と常に向き合いながら日々の生活を営んできた。こうしたなか、二〇一〇年の大噴火の際には、住民たちは、農林業から観光業へとその生業を拡大することで危機に対処した。では、COVID‐19の感染拡大という危機に、彼らはいかに対処しようし、そのなかで観光はその形態・役割をいかに変化させたのか。本章はこれらの分析を通じ、不確実な社会における観光の意義について検討している。その結果、住民たちはCOVID‐19の感染拡大において、観光主体としての対応を積極的に行ってはいないことが明らかとなる。彼らにとっては、観光は生存戦略における選択肢の一つでしかなく、「観光の維持＝生活の維持」ではない。COVID‐19以後の観光においては、観光主体とならない可能性（いわば「観光からおりる」自由とも言うべきか）も模索されるべきだと主張される。

12章「モラル・エコノミーとしての観光――北タイ山地民カレンの観光実践」（須永和博）においては、北タイ先住民カレンの村が事例として取り上げられる。ここでは、地域の人々が主体的かつ自律的にコミュニティ・ベースド・ツーリズム

（CBT）と呼ばれる観光実践を行ってきた。その北タイ先住民カレンの村で、二〇二〇年三月グロヒと呼ばれる儀礼が約七〇年ぶりに行われた。「グロ」はカレン語で「封鎖する」、「ヒ」は「村」を意味する。この呼称からも分かる通り、グロヒとは、数週間から数カ月村を封鎖して、村に災いをもたらす存在を遠ざけるための儀礼である。かつて、コレラが流行した際に行なわれた儀礼が、COVID-19のパンデミックを背景に、再び実施されたのである。同じ時期、タイ国内では、都市部を中心に政府主導でロックダウンが行われていた。この政府主導の「上からのロックダウン」は、新型コロナウイルス感染拡大を抑えることには成功したものの、観光関連産業を中心に地域経済の停滞をもたらし、生活物資の不足など市民生活にも甚大な影響を与えた。では、グロヒ儀礼という、いわば「下からのロックダウン」を自ら敢行したカレンの人々は、人やモノの移動が極度に制限された状況をどのようにして乗り切ったのか。ここでは北タイ山村に暮らす先住民カレンを事例に、拡大再生産や利潤の最大化といった「事業の論理」とは一線を画した観光実践が、決して辺境地域の特殊な事例ではなく、これからの観光のあり方を模索していくための豊かな示唆を含んでいることが指摘される。

13章「COVID-19下の宗教観光を考える――宗教的非日常が構築する日常的感覚」（安田慎）においては、イスラームの宗教観光、そのなかでもマッカ巡礼が検討される。二〇二〇年以降のCOVID-19の流行において移動や生活の制限や変容が進むなかで、私たちは日常を構築し直すだけでなく、非日常もまた布置し直している。そのなかで、宗教もまた、その実践を問い直すことを通じて、新たな宗教的な日常・非日常を布置し直している。イスラームにおいても同様に、宗教観光の再構築をするなかで、宗教的非日常を構築し直すことで、宗教的日常を構築し直す動きが見られる。イスラーム諸国の各地では、感染症の流行があるなかでも、マッカ巡礼に代表される宗教観光を振興することによって、宗教的非日常を早期に回復するための試みや、多くの労力が割かれてきた。「不要不急」という言葉で片付けられがちな観光をはじめとする非日常のモビリティたちが、実は私たちの社会生活の基盤として「要」かつ「急」であることが垣間見えてくるのである。結論として、非日常を生み出すパフォーマンスや外部環境こそが、新たな日常を構築する重要な基盤となっていることが主張されている。

以上すべての章は、アフター＝ウィズ・コロナ[1]の〈新たな観光学〉を志向するものとして非常に魅力的な論稿である。ただし、私たちがこれまで「観光」と呼んできたものを今後もどうすればうまく維持し、再生していけるのかといったことが前景化されて論じられているわけではない。この点は、くれぐれも注意を喚起しておきたい。

そうではなく、本書は、デジタルテクノロジーの進展とも密接に結びついた〈社

(1)「アフターコロナ」とは、コロナが終息した後の〈コロナなき世界〉のことではなく、コロナが終息した後も〈コロナとともに生き続ける〉「ウィズコロナ」のことなのである。「アフターコロナ」の時代にあって、私たちはコロナなき世界を生きようとするよりも、コロナとともに生きていくことを考えていくべきであろう。

会の変容〉や〈他者の変容〉のなかで、「観光」そのものが、これまでまったく見たことのないものへと変わろうとしていることを明らかにする。そうすることで、新たな社会理論へつなげていこうと挑戦しているのである。本書に収められている論稿におけるひとつひとつの挑戦が、豊穣な議論の旋風をまきおこしてくれることを期待している。

最後に、新型コロナウイルス感染症（COVID-19）で出版事情が大変厳しくなっているにもかかわらず、出版にいたるまで新曜社の方々には大変お世話になりました。渦岡謙一氏をはじめ、新曜社の方々には深く感謝の意を表したい。――ありがとうございました。

二〇二一年七月二十五日

編者　遠藤　英樹

参照文献

一般社団法人アジア・パシフィック・イニシアティブ（2020）『新型コロナ対応民間臨時調査会――調査・検証報告書』ディスカバー・トゥエンティワン

大澤真幸・國分功一郎（2020）『コロナ時代の哲学――ポストコロナのディストピアを生き抜く』左右社

美馬達哉（2020）『感染症社会——アフターコロナの生政治』人文書院

アフターコロナの観光学——目次

装幀――加藤光太郎

Ⅰ部　アフターコロナの観光に関する社会理論

1章　「歓待を贈与する観光」へのディアレクティーク

遠藤英樹

1　モビリティの時代

現代社会は、人、モノ、資本、情報、データ、イメージ、観念、技術などがたえず移動する世界を現出させた。それらが移動する形態、方向、意味、強度は多様かつ重層的であるが、ピーター・エイディーは、「世界が移動し続けているということを私たちはもはや無視することはできない」と主張する（Adey 2017: 1）。

ジョン・アーリ[1]は、こうしたモビリティの特徴を「モビリティ・パラダイム」として整理している（Urry 2007=2015）。このようなグローバルなモビリティは現代における私たちの生（life）を変容させ、それらがいとなまれる舞台となる社会に対しても大きな影響をあたえるようになっている。

ではモビリティは、いま、どのようなかたちで現れるようになっているのだろうか。これについてアルジュン・アパデュライ『さまよえる近代――グローバル化の文化研究』の議論に変更をくわえつつ、モビリティが現れる際の風景（スケープ）

（1）ジョン・アーリ（一九四六―二〇一六）は英国ランカスター大学で教授をつとめ、観光をはじめとするモビリティについて考察し続けた社会学者である。

写真1　ジョン・アーリ
（https://linkphotographers.photoshelter.com/image/I0000gbpPCijAuC0 2021.7.24 アクセス）

として、「エスノスケープ」「マテリアルスケープ」「ファイナンススケープ」「ガバナンススケープ」「イマジナリースケープ」という五つの次元を示しておこう（Appadurai 1996=2004）(2)。

まず「エスノスケープ」とは、外国人労働者、観光客、移民、難民など、人の移動から見えてくるグローバル社会の現れ方である。次に「マテリアルスケープ」とは、商品、工業原材料、生産機械、貨物など物質的なものが多様な境界を越えて移動している事態を指している。

また「ファイナンススケープ」とは、グローバル資本が国境を越えて移動し続けている事態を指す。さらに「ガバナンススケープ」とは、地域や国家などの制度的な権力・主権が国境を越えモバイルなものとなることで揺らいでいく事態を指している。最後に「イマジナリースケープ」とは、情報、イメージ、観念、思考の移動によって見えてくるグローバル社会の現れ方を意味している。これら五つのモビリティの風景はときに相互に乖離し、ときに相互に融合し合いながら、複層的なモビリティの潮流（フロー）をつくりだしていく。

2　モビリティとしての社会

このことからアーリは、「社会的なもの」（the social）の在処《ありか》がこれまでの（移動しないこと「インモビリティ」を基本とする）「社会」から、「モビリティ」へ変化

(2)　アパデュライが示しているのは、「エスノスケープ」「テクノスケープ」「ファイナンススケープ」「メディアスケープ」「イデオスケープ」である。

しつつあると主張し、「モビリティとしての社会」という概念を提唱する（Urry 2000: 186）。

こうしたアーリの主張については、もちろん、より丁寧な検討を加えていく必要がある。たとえばアーリのように「既存の社会」と「モビリティ」を対比的に捉えることが適切なのかについては、よく考えてみるべきだろう。かつて近代の成立とともに、社会学は「社会的なもの」（ザ・ソーシャル）の位相を把握しようと「社会の発見」に至った。そのなかで「社会学」は、ディシプリンとして制度化されていく（佐藤 2011）。この「社会」が内包するもの、すなわち「社会のコノテーション」がいまや「モビリティ」を含みこんで、新しいダイナミックな胎動を見せ始めているのだとすれば、「既存の社会」と「モビリティ」を対比的に捉えるのではなく、「既存の社会」そのものに「モビリティとしての社会」へと至る契機がすでに内包されていたと考え、「社会」と「モビリティ」を密接に絡み合う関係性のなかで捉えていくべきである。

以上のことも含め、アーリの批判的検討を今後さらに精緻に行っていく必要があると思われるのだが、あえてアーリのひそみに倣うとするならば、現在「社会的なもの」（ザ・ソーシャル）は、とくに「観光」というモビリティにおいて明白に現れるようになっていると考えられないだろうか。

もちろん、米国やヨーロッパ諸国をはじめ世界各国で発生するテロ事件、ＳＡＲ

Sなど感染症の発生、東日本大震災などの災害、リーマンショックなどの経済状況といったさまざまな出来事に影響され、旅行者数が減少する場合もある。新型コロナウイルス感染症（COVID‐19）のことを考えれば、そのことは一目瞭然であろう。だが、これらの出来事が生じるたびにその形態を大きく変えていきながら、それでも観光はモビリティを形成するうえで依然として大きな役割を果たしてきたのである。これについて、アーリはミミ・シェラーとともに「ツーリズム・モビリティーズ」という概念を提示している（Sheller & Urry 2004: 1）。

観光は人の移動にとどまることなく、土産物やスーツケースをはじめとするモノの移動も含んでいる。また、人びとは観光情報誌やウェブ、スマートフォンなどといったメディアを用いて、情報やデータを検索し、観光地に関する多くのイメージを持って観光へ出かける。それゆえ、情報、データ、イメージの移動も生じている。さらに観光地においてさまざまなモノや事柄を見聞きしたり経験したりすることによって、記憶を形成し、思い出へと変えていく（記憶の移動）。他に観光は、旅行代理店、航空産業などの交通業者、ホテルなどの宿泊業者をはじめとする諸産業と結びついて成立しているがゆえに、当然のことながら資本の移動を伴う。このようにモビリティのさまざまな潮流（フロー）を形成しながら、観光は社会のあり方や文化のあり方を深部から大きく揺るがせる社会現象となっているのである（Hannam & Knox 2010）。

写真2　ミミ・シェラー
（https://drexel.edu/now/archive/2013/February/What-Im-Reading-Mimi-Sheller/ 2021.9.19アクセス）

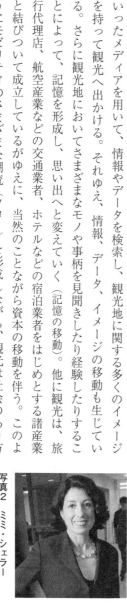

3　パンデミックな新型コロナウイルス感染症

だが、現代のCOVID-19の感染拡大の状況では、国境を越えていくようなモビリティなどなくなったのではないか――そんな風に思う人がいるかもしれない。その通りである。

だからこそ、現代はモビリティの時代だと言えるである。一体、どういう意味か。

現在のように観光をはじめ人のモビリティがとまってしまっているのは、ウイルスが世界中を移動し、COVID-19がパンデミックに流行してしまったためではないか。そして、そのようにCOVID-19がグローバルなかたちでパンデミックに流行したのは、人やモノのモビリティを介してであろう。

もちろん、かつての社会においても、人々の生存を脅かす感染症は存在していた。しかし、それはモビリティ以上に、不衛生な環境によってもたらされるものであった。コレラといった伝染病が、そうである。いまも、こうした感染症は猛威をふるっているが、主にそれは飲料水も含めて清潔な環境を確保できない地域においてである。

しかしCOVID-19は違う。不衛生な環境であろうが、衛生的な環境であろうが、それは、区別なく＝境界を越えて（beyond boarders）猛威をふるう。人やモノ

が国境を越え、世界中を移動していくからこそ、それはパンデミックに流行していくのである。(3)

人、モノ、資本、情報、データ、イメージ、観念、技術などとならんで、ウイルスもグローバルに移動するからこそ、逆説的なことに、人のモビリティがとまってしまっているのが、アフター＝ウィズCOVID-19の状況なのである。ウイルスのモビリティはツーリズム・モビリティによって一部もたらされ、それがツーリズム・モビリティをとめてしまったのだ。ドイツの社会学者ウルリッヒ・ベックは、『世界リスク社会論』のなかで、現代においては、ウイルス、テロ、気候変動などによるリスクは、このように国境を越えたグローバルなものとなっていると言う(Beck 2002=2010)。

しかし国境を越え、世界中に拡散するのは、感染症だけではない。真偽不明の情報やデマ、フェイクニュースなども「パンデミック」なものとなる。COVID-19の場合にも、こうした現象が散見された。また感染の拡大をくいとめるためにロックダウン(都市封鎖)を実施する国々も増えるなかで、食料品、トイレットペーパー、ティッシュペーパーなどが輸入できずに不足するといったうわさが流れ、これらを買い占める行動があちらこちらで生じ、結果としてトイレットペーパーやティッシュペーパーが実際に不足するといった現象もみられた。このようにデマやフェイクニュースも、感染症とともにパンデミックに国境を越え、世界中に拡散し、

(3) 感染症の流行は、その流行の範囲に応じて、「エンデミック」「エピデミック」「パンデミック」に分類できる。「エンデミック」は感染症の流行が地域的に狭い範囲に限定され、一定の罹患率(または一定の季節的周期)で繰り返される状態を言う。「エピデミック」は特定の地域において、通常の予測以上に感染症が広がることを意味する。それに対して「パンデミック」とは、感染症が国境を越え、世界中で流行することを意味する。世界保健機関(WHO)は二〇二〇年二月初旬には、新型コロナウイルス感染症(COVID-19)が「エピデミック」の段階にあり、まだ「パンデミック」の段階には至っていないとの認識を示していたが、同年三月十一日の時点で「パンデミック」といえる状態であるとの認識に至ったと説明している。

社会に動揺をもたらすようになっている。いわゆる「インフォデミック」と言われる現象である。

ＣＯＶＩＤ-19は、モビリティによって境界を越えて誰でもが感染する可能性をもつがゆえに、それとともにデマ情報、差別感情、恐怖も社会的に構築され、世界中に拡散されていく。そのプロセスにおいて、「夜の街関連／そうでないもの」「ローカル／ビジター」などの新たな境界（boarders）も境界を越えて（beyond boarders）生みだされていったのである。

4 デジタル革命後の観光

現代社会においてモビリティは、既存のリアルなものを「固定化」させることなく、つねに揺るがせ、変化させ、〈新たなリアル〉を絶えず生み出している。とくにツーリズム・モビリティはＣＯＶＩＤ-19の感染が拡大する状況下において、世界に人、モノ、資本、情報、データ、イメージ、観念、技術などを移動させているとともに、ウイルスも移動させたと言える。

いわば観光は世界に対して、ウイルスによるリスクを贈与したのである。では観光は、もはや、ないほうが良いものなのだろうか。

実は観光には、今後の社会を形成するうえで重要な可能性が秘められている。以下では、そのことについて、観光が今後、

(1) どのような形態をもつようになるのか?

(2) その形態のもとで、どのような意義をもつのか?

を考えるなかで描写することができるだろう。

まず今後、観光がどのような形態をもつようになるのかについては、モビリティの現在のあり方をみることで描き出すことができる。モビリティは、現在、「デジタル革命」を経たメディアが果たしてきた役割を無視して論じることができなくなっている（Endo 2020)。「デジタル革命」とは、メディアの仕組みがデジタルテクノロジーを用いた仕組みに移行することを意味するにとどまらず、メディアがデジタルテクノロジーを用いることによって、そのテクノロジーを支えていた社会システムをも大きく変えてしまうことをも意味している。

デジタルテクノロジーがモビリティにおいて重要な役割を果たすということは、モノのモビリティの現れ方（マテリアルスケープ）においても顕著に表れている。RFIDを用いた物流なども、これに相当するものである。RFID（Radio Frequency Identification）とは、商品などのモノにID情報を埋め込んだICタグをつけ、電磁波を用いた近距離の無線通信によって、接触することなくモノの情報やデータをやりとりする自動認識技術を言う（このテクノロジーを用いているものとしてよく知られているのが、JR東日本で二〇〇一年に導入された交通系ICカード「Suica」である）。このテクノロジーは近年では物流システムにも積極的に応用されるようになっており、商品が「いつ、どこにあったのか」「現在、どこにあるのか」「現在、どのような状態なのか」などに関するデータが収集できるようになる。このデータの最適解をＡＩによって解析すれば、必要な場所へ何をいかにして、どれほどの量で移動させればよいのかが計画できる[(4)]。

そうなれば、コンビニエンスストアの店舗でＡＩ搭載ロボットにＩＣタグのデータを読みとらせ解析させたうえで商品の発注・返品・廃棄を行ったりすることも可能となり、物流のあり方は大きく変わっていくことになるだろう。それだけではない。ＩＣタグを読みとるメガネをつけると商品を手にした人がモノの履歴を読みとれたり、ＡＩ搭載型の洗濯機が洗濯物のＩＣタグから情報・データを読みとり最も適切な洗濯モードを自動選択できたりする。

デジタルテクノロジーによる情報・データのモビリティによって大きなインパクトを受けたモノのモビリティのあり方が、ＣＯＶＩＤ－19以後の社会を、そして私たちの生（life）を変えていくことになるのである。モビリティがデジタルテクノロジーと出会うことで、モノと人が、まるで人と人が「会話」するようにコミュニケーションし合うようになる。それゆえ私たちが生きる現代社会は、まさにモバイルでデジタルな社会であると特徴づけることができるのだ。

観光もまた、デジタル革命を経たデジタルテクノロジーを積極的に融合させながら、これまでに私たちが見たことのない新たな観光のかたちをつくりだしていくこ

（４）このＲＦＩＤのテクノロジーをＧＩＳ（地理情報システム）と併用すれば、人の移動（いわゆる人流）に関するトレーサビリティ（追跡可能性）を確保することもできるだろう。そうなれば、三密を回避して観光するためには、自分たちはどこに、どの経路で行くことが妥当かといった情報をスマートフォンなどで配信できるようになるはずだ。

とになる。事実、観光の領域では現在、ＡＩの導入が積極的に行われるようになっている。たとえば、いくつかの企業では、観光施設向け「多言語ＡＩチャットボット」が開発されている。観光客は、スマートフォンに向かって話しかけたり、そこに文字を打ち込んだりしながら、アプリを用いてＡＩとコミュニケーションを行う。

そうすることでホテルがこのシステムを導入している場合には、観光客は、チャットボット（自動会話プログラム）を通じて、チェックインとチェックアウトの時間、ホテルまでのアクセス情報、部屋内のネット環境、アメニティ・グッズ(5)の内容などのホテル情報を得たり、宿泊を予約したり、モーニングコールを設定したり、宿泊している部屋の清掃を依頼したりできるのである。

しかも、それは二四時間休みなく、日本語だけではなく英語、中国語、韓国語などの多言語にも対応できるものとなっている。航空会社でも、こうしたシステムを導入している場合には、観光客はスマートフォンを用いてＡＩと会話をしながら航空チケットを予約できたり、チケットの変更ができたりする。まさにホスピタリティ産業(6)のスタッフが行うべき業務（の一部）を、ＡＩが代替して行ってくれるようになっているのだ。

他にも、ＡＩが、観光客の感想・評価を蓄積したデータベースからユーザーの興味・関心に合わせた観光を提案するシステムもある。さらにはＡＩを搭載したヒューマノイド・ロボットが多言語で道案内をしてくれる観光施設、それらロボットが

(5)　ここでいう「アメニティ・グッズ」とは、ホテルや旅館で用意されている備品のことを指す。

(6)　ホスピタリティとは歓待やもてなしを意味するが、観光関連産業は、現在、ホスピタリティ産業と言われることが多くなっている。

相席して会話に応じてくれるだけでなく占いやミニゲームで遊べたり（ときには踊ってくれたり）するカフェもある。

このようにデジタルテクノロジーが観光に深く介在するようになることで、COVID-19以後の観光は、地域の文化や自然をそのまま見せるのではなくなっていく。観光産業は、地域の文化や自然をコンテンツにまで昇華させ創造し、バーチャルなデジタルテクノロジーを活用しながら、それら地域コンテンツを観光客にさまざまに経験・体験してもらい、感動という情動を呼び起こしていくような産業になるであろう。いわば、「地域コンテンツ創造産業」・「経験創造産業」・「情動創造産業」へとシフトしていくだろう。

身体的な移動を通して現地を旅することは数年かけて、次第に回復し、再び行われるようになる。ただ、今後は、そうしたときでも、ただ「美しい風景を見る」のではなく、メディア技術を活用しながら「風景を美しいコンテンツに昇華させて魅せる」ようになる。旅で「楽しい出会いを経験する」のではなく、「出会いを心躍るコンテンツにして楽しい経験に浸ってもらう」のである。それこそが新しい観光様式となるのだ。

写真2　ペッパーパーラー
（https://pepperparlor.com/about/　2021.6.6 アクセス）
ヒューマノイド・ロボット「ペッパー」による接客風景の写真

5　歓待の贈与のネットワーク

そのなかで観光は、今まで以上に重要な意義を担うようになる。それは何か。これが第二の問いである。――それは、「歓待の贈与」をもたらすという意義である（岩野 2019; 近内 2020）。観光はデジタルテクノロジーを融合させながら、観光客に対して経験や感動をあたえ、世界に歓待を贈与することが重要になっていく。

観光において、地域住民が、観光客をもてなす。これは、これまでも行われてきたし、これからもあるだろう。ただ観光客が楽しめればそれで満足するというのではもはやなくなる。「地域コンテンツ創造産業」・「経験創造産業」・「情動創造産業」へとシフトした観光産業の力を借りて地域のなかで楽しい経験に浸った観光客は、その地域の文化を大切にしたいと思うようになるだろう。それは観光客から、地域の文化に向けた歓待である(7)。

それだけではない。地域の文化が大切にされることで、その文化を背景として自然も大切に育まれていく。文化が自然に歓待を贈与するのである。自然が大切に育まれることで、観光産業もより豊かになる。そうすると観光産業は、ローカルな地域社会の暮らしを経済的に豊かにすることができる。自然が産業に、産業が地域社会の暮らしに対して歓待を贈与するのである。

そして観光によって地域社会が経済的に豊かになれば、地域住民は、さらに一層、観光客をもてなすことになる。観光客、地域住民、文化、自然、産業、メディアなどが相互に歓待するネットワークをつくっていくことが、もとめられるようになるだろう。私はこれを、「歓待の贈与のネットワーク」（networks for gifts of

(7) この意味で、観光客は単なる「消費者」なのではなく、あくまで「ゲスト」である。では、「ゲスト」とは一体何か？「ゲスト」の語源は、ゲルマン祖語で「見知らぬ人」という意味をもつ「ghostis」に由来する。「見知らぬ人」（ghostis）は、「招く主人」を意味する「ホスト」や「歓待」を意味する「ホスピタリティ」の語源となったラテン語「hospes」とも関係の深い語である。ここから考えるならば、「ゲスト」とは、「見知らぬもの」（ghostis）に対して「歓待」（ホスピタリティ）を注ぐ「ホスト」でもあることになる。そうでなければ観光客は、地域の文化、自然、暮らしに関する単なる「消費者」にとどまり、「ゲスト」のありようから「疎外」されてしまうだろう。

hospitality）と呼んでいる。観光というモビリティには、このように、世界にリスクを贈与するだけでなく、歓待を贈与する役割が今後もとめられる。

その場合、贈与を行うのは、観光客や地域住民といった人間たちだけではない。人間も含め、文化、自然、産業、資本、メディアのすべてが、贈与を行う主体＝エージェントとなる。いや、それはまだ正確な表現ではないかもしれない。人間、文化、自然、産業、資本、メディアが最初にあって、それらが「歓待の贈与のネットワーク」を織りなしているのではなく、「歓待の贈与のネットワーク」が最初にあって、それを織りなす構成要素として、人間も、文化も、自然も、産業もときに渾然一体となり、ときに明確に区別されながら形成されてくるのである（Latour 2005=2019; 久保 2019）。観光にはそうしたネットワークを発動させる装置としての役割が今後もとめられていくのだと言えよう。

ただし、それを実現するためには、私たちは、移動の公正さ、すなわちモビリティ・ジャスティスを考慮に入れていかなければならないのではないだろうか（Sheller 2018）。つまり、「ローカルな地域の暮らし、文化、自然などを破壊せず、逆に活性化（アクティベート）できるグローバルなモビリティとは何か？」をつねに問うことが必要なのである。観光とメディアの相互作用のなかで、ローカルとグローバルの間の適正バランスを模索し続けることが必要となる。

フランスの社会学者・人類学者であるマルセル・モース[8]が示唆しているように、

（8）マルセル・モース（一八七二―一九五〇）は、フランスの社会学者・文化人類学者である。社会学の確立者の一人でもあるエミール・デュルケームの甥で、デュルケームの協力者としてフランスにおける社会学系学術雑誌『社会学年報』の編集にも携わっている。彼の『贈与論』は社会学者や文化人類学者ばかりではなく、多様な学問領域の人々に対しても大きな影響を与え続けている。

社会とは実は「贈与のネットワーク」の別名であるのだとすれば（Mauss 1925=2014）、私たちが社会的存在であり続けるためには、そのネットワークを発動させるべく自由に移動すること、自由に集まること、そこで自由に遊ぶことといった、「移動の自由」「集まることの自由」「遊ぶ自由」を簡単に手放すべきではない。その一方、モースもポトラッチを例にあげながら贈与の破壊的側面について指摘したように（Mauss 1925=2014: 118）、贈与には、つねに歓待とリスクの両面があることをつねに念頭におく必要がある。だからこそ、リスクの贈与をコントロールし、歓待の贈与へと弁証していくことが私たちには求められているのである。COVID-19によって既存の形における観光の終焉はもたらされるかもしれない。だがそれは、新たな形での観光の始まりを告げるものとなるはずだ。

写真3　マルセル・モース
（https://book.asahi.com/article/11581353　2021.06.06 アクセス）

参照文献

近内悠太（2020）『世界は贈与でできている——資本主義の「すきま」を埋める倫理学』ニューピックス
久保明教（2019）『ブルーノ・ラトゥールの取説——アクターネットワーク論から存在様態探求へ』月曜社
佐藤俊樹（2011）『社会学の方法——その歴史と構造』ミネルヴァ書房
Adey, P.（2017）*Mobility*（second edition）, Oxford: Routledge
Appadurai, A.（1996）*Modernity at large*, Minnesota: University of Minnesota［アパデュラ

イ（2004）『さまよえる近代』門田健一訳、平凡社］
Beck, U.（2002）*Das Schweigen der Woerter: Ueber Terror und Krieg*, Frankfurt am Main: Suhrkamp Verlag［ベック（2010）『世界リスク社会論――テロ、戦争、自然破壊』門田健一訳、筑摩書房］
Elliott, A.（2019）*The culture of AI: Everyday life and the digital revolution*, London: Routledge
Elliott, A. & J. Urry（2010）*Mobile lives*, Oxford: Routledge［エリオット（2016）『モバイル・ライブズ――「移動」が社会を変える』遠藤英樹監訳、ミネルヴァ書房］
Endo, H. ed.（2020）*Understanding tourism mobilities in Japan*, London: Routledge
Hannam, K., & D. Knox（2010）*Understanding tourism: A critical introduction*, London: Sage
Latour, B.（1991）*Nous n'avons jamais ete modernes: Essai d'anthropologie symetrique*, Paris: La Decouverte［ラトゥール（2008）『虚構の「近代」――科学人類学は警告する』川村久美子訳、新評論］
――――（2005）*Reassembling the social: An introduction to actor-network-theory*, Oxford: Oxford University Press［ラトゥール（2019）『社会的なものを組み直す――アクターネットワーク理論入門』伊藤嘉高訳、法政大学出版局］
Mauss, M.（1925）"Essai sur le don: Forme et raison de l'échange dans les sociétiés archaïques," *l'Année Sociologique, seconde série, tome 1, 1923-1924*, pp. 30-186［モース（2014）『贈与論　他二編』森山工訳、岩波書店］
Sheller, M.（2018）*Mobility justice: The politics of movement in an age of extremes*, London:

Verso

Sheller, M. & J. Urry（2004）*Tourism mobilities: Places to play, places in play*, London: Routledge

Urry, J.（2007）*Mobilities*, Cambrige: Polity Press〔アーリ（2015）『モビリティーズ――移動の社会学』吉原直樹・伊藤嘉高訳、作品社、七四―八六頁〕

――――（2000）"Mobile sociology," *British Journal of Sociology*, 51(1): 185-201

2章　メディアと化す旅／コンテンツと化す観光
——バーチャル観光による「体験の技術的合成」を考える

松本健太郎

1　はじめに——COVID-19による「予期空間」の瓦解

中国で発生した新型コロナウイルス感染症（以下「COVID-19」と略記）は、その後またたくまに世界各国へと波及し、感染者数と死者数が急増することになった。各国では渡航禁止や国境閉鎖、都市封鎖や自粛要請などの政策がとられる一方、日本では新型インフルエンザ等対策特別措置法にもとづき緊急事態宣言が発令され、外出の自粛や施設の休業などが要請された。この時期の個人的体験に言及するならば、筆者はCOVID-19による騒動が拡大するさなか、二〇二〇年三月十日から十六日にかけて、ベトナムのダナンを訪問した。そして準備段階を含めそのプロセスをつうじて直面したことは、まさに「予期空間」の瓦解というか、通常であれば問題なく成立するであろう観光における「予期」がまったく作動しない、という混乱を極めた状況であった。

もともと筆者はその年の一月下旬から渡航の計画をたて、航空券のチケットやホテルの宿泊予約を済ませていた。しかしその後、搭乗予定だったマカオ航空の便（マカオ経由）の欠航が決まり、三月一日の時点でそれをいったんキャンセルしたうえで、別の旅行会社のサイトからベトナム航空（ダナンへの直行便）のチケットを予約しなおした。だが直後、その便もまた欠航が決まったことで、さらに別便のチケット（ホーチミン経由）をとりなおさざるをえなくなる（このあいだに各社のホームページを介した、あるいは、そこに記載されている電話番号を介した数々のやりとりが発生した）。三月十日にようやくベトナム入国へと漕ぎつけたが、その数日前から入国審査の過程において健康申告が義務化されることになり、筆者もその新設制度に関する情報収集のために、各種のホームページやＴｗｉｔｔｅｒへと頻繁にアクセスし、状況把握に努めることになった。むろん現地でも予想外といえる数々の出来事に見舞われたが、その後どうにか十五日の段階で出国を果たし日本への帰路につく。そしてそれからしばらくして同月二十二日、ベトナム政府は外国人の入国停止を決定している。まさに際どいタイミングで帰国することができたわけである。

これが一例となるような、観光および移動をめぐる「予期しがたい」状況は、まさに各国で状況が悪化しつつあったＣＯＶＩＤ-19と、それに対処するために採用された措置の所産であるといえるが、ともあれ思わぬ事態に直面して筆者の脳裏をかすめたのは、ジョン・アーリによる「予期空間」をめぐる言説である。アーリはその著書である『モビリティーズ――移動の社会学』のなかで、人びとの移動を可能にする「システム」(1)に論及しながら、それは「旅ができる、メッセージが通じる、小包が到着するといった「予期空間」をもたらす。システムによって、当該の移動が予想可能かつ相対的にリスクのないかたちで反復されることが可能になる」と指摘している（アーリ 2015: 25–26）。なお、彼によると「この反復システムの歴史は、実質的に、自然界を「支配」し、安全を確保し、管理し、リスクを減らしてきたプロセスの歴史である」とされる。

本章で後述するように、観光をめぐる「予期」を実現するための現代的なシステムには、スマートフォンやタブレット端末のようなポータブルデバイス、および、そのなかで駆動する各種アプリが大きな役割を担っている。とりわけ「じゃらん」「食べログ」「トリップアドバイザー」「Airbnb」などの便利な人気アプリは、旅におけるルートや目的地における雰囲気を事前に察知するうえで重要な手掛かりを与えてくれる存在であり、アーリの概念でいえば「予期空間」を生成するものともいえる。むろんスマートフォン、およびそこで駆動する関連アプリへの依存は、なにも観光領域に限定される話ではなく、現代ではひろく認められる事象だといえる。

それでは、スマートフォンの内部で駆動するアプリ(2)とは、どのような対象として理解することができるだろうか。ジェレミー・W・モリスとサラ・マーレイは「ア

(1) ここでのシステムには、たとえばチケット発行、住所、安全装置、乗換駅、ウェブサイト、送金、パッケージツアー、バーコード、橋、タイムテーブル、監視などが含まれる。

(2) 富田英典が言及するように、スマートフォンの特徴は「無料あるいは安価なアプリを手軽に利用できる点であった。そのジャンルはゲームからビジネスまで幅広い。携帯電話に比べて、スマートフォンはアプリを利用するためのデバイスという側面が強い」（富田 2016: 10）。

プリ」と呼ばれる対象について、それを「ソフトウェアのパッケージング、プレゼンテーション、配布、消費の一形態」であると規定し、さらに、それによって「今日、ソフトウェアは文字通り世界中の何百万人ものユーザーのポケットに入っている。〔中略〕今では、これまで以上に、ユーザーはモバイルデバイス上の高度にパッケージ化され、キュレーションされたソフトウェアに日常の活動の広大な範囲を委任している」と指摘している（Morris & Murray 2018）。じっさいに現代人は起床から就寝まで、じつにさまざまなかたちで各種アプリの恩恵にあずかっている。たとえば、目覚ましアプリのアラームで起床する、通勤電車の時刻をチェックする、そして身動きがとれない満員電車のなかで映画やゲームに興じる……。それこそ私たちの日常生活、およびそれを構成する個々の行為は、多種多様なメディアアプリと連携しながら進行しているのだ。意識しようとしまいと、そのようなメディア接触の形態は私たちの日常において常態化しており、もはや、それなしに生活を送ることは困難といえるほどまでに、不可欠なものとして経験されつつあるのが実情であろう。

観光に際しての私たちの行動は、移動する環境のなかの諸々の事物のみならず、デジタルメディアとしてのスマートフォンというモノや、その画面が表象するアプリというバーチャルなモノなど、さまざまな要素のあいだの関係性をめぐる動的なネットワークのなかで進展していくことになる。むろん現代では「電波とつながらない「圏外旅行(3)」が語られることもあるが、それはあくまでも些末な例外にすぎ

（3） https://tabippo.net/only-travel/（2021.6.2 アクセス）

ない。ポータブルデバイスを介したインターネットとの常時接続が一般化し、旅をめぐる人びとの想像の仕方、あるいはその欲望の仕方が従来と比べて著しく変容した今、私たちは各種のアプリを駆使することで、旅をめぐる「予期空間」へとスムースにアクセスすることができる。本章では上記に「じゃらん」「食べログ」「トリップアドバイザー」「Airbnb」をあげたが、私たちは四角いスマートフォンの画面のなかで、四角くデザインされたそれらのアプリをタップするだけで、多種多様な観光情報を容易に取得できるのだ。

むろん、本章の冒頭であげた体験談がその一例となりうるように、さまざまな要因により「予期」を支えるシステムが機能不全に陥り、その帰結としてそれがうまく機能しなくなる状況は大いに考えうる。たとえば「乗換案内」のようなアプリを例に考えた場合、乗車を検討していた列車が人身事故に巻き込まれてしまい、検索画面にその運行情報が表示されたとしても、実際にはその列車はストップしているということも起こりうる。つまりここではデバイスに表示される情報と、それが指し示す現実との乖離が生じ、「予期」を、それを支えるシステムへと還元することが難しくなっているのだ。それは「「予期空間」の瓦解」とでも表現しうる事態であり、筆者がベトナムで直面したのはまさにそれであったといえる。COVID‐19がもたらした情報世界／現実世界の乖離やそれに付随する混乱は多方面へと及んでおり、スマートフォンのアプリを含めて各種のメディアを介した「予期」が成り立たない状況がいたるところで散見されたように感じる。

本章では以上のような認識を基盤としつつ、COVID-19以前から進展してきた現代的なメディア環境の急速な変容を概観したうえで、いくつかの事例に依拠しながらバーチャル観光をとりあげる。後述するとおり、バーチャル観光のコンテンツは「体験の技術的合成」を指向する側面を有しているが、以下ではこれを分析の俎上に載せることで、観光をめぐる「メディア」と「コンテンツ」の今日的な関係性を整理してみたい。

2 データ化されるコンテンツとそのサーキュレーション

スマートフォンはいわば入れ子構造的に、「アプリ」というかたちでシミュレートされたメディアを、「スマートフォン」というデジタルメディアが包摂する二重構造をなしている。それはいわば「メディアのメディア」といいうるわけだが、これに関連して、ノルベルト・ボルツによる以下の言葉を引用しておくこともできるだろう。

新しいメディアが進化していく過程を観察すると、最初は常により古いメディアを模しながら発展し、次第に自己自身の技術的可能性のものさしで自己を計るようになる。そして最後には、新しいメディアが初期の依存状態を脱し、逆に他メディアとの関係を管理するようになり、メディア、のメディア、アとしてふるまうようになるのだ。そのため、あるメディアの内容は常に他のメディアである。（ボルツ 1999: 118. 強調は引用者）

むろんボルツがこのように主張した時代にスマートフォンは存在していなかったが、しかしそれが現代では、まさに他のメディアとの関係を管理するに至っている。すなわち彼が語る「メディアのメディア」としての性格は、近年普及したスマートフォンにおいて顕著に認めることができるのだ。

一般的にいってメディアは「記号」や「情報」の乗り物として理解しうるわけだが、では、デジタル環境下において、それらの集積によって形成される「コンテンツ」は、いかにして物質の次元に関与しているのだろうか。河島茂生はこれに関して次のように語る。

デジタル情報が膨張している状況下では、脱物質化が進み物質が軽んじられかねないように感じられる。たとえば、書物の制作の場面である。かつては職人によって手で活字が拾われ版が組まれた。〔中略〕しかし、一九八〇年代よりコンピュータで印刷までの前処理をおこなうようになって物質性は薄れたといえるだろう。また、コンピュータでは文字や画像、音声、動画などは機械的に「0,1」のパターンで同列に扱われているため、同じルールに基づきさえすれば別のコンピュータで処理可能である。そのコンピュータ端末でなければならない必然性はゼロに近い。インターネットはといえば、媒体の区分を崩し、媒体ごとの流通経路を半ば壊している。すなわち、映画は映画館で視聴され、音楽はCDで流通し、新聞は販売店を通じて頒布されるといった媒体ごとの縦割りの構造が変容して、映画であれ音楽であれ新聞記事であれ、インターネットを通じて流通するようになった。(河島 2014: 17-18)

河島はデジタル情報の「膨張」――それはしばしば、「デジタルユニバース」の膨張として言及されうる――に触れつつ、デジタル環境下で進展する「脱物質化」の傾向について説明を加える。たしかに映画のコンテンツであれば、それは従来なら映画館やレンタルビデオ店といった物理的な場所、あるいは、フィルムやVHSといった物質的なモノと不可分に結びついていたわけであるが、現在それらはフィジカルな次元から遊離してデータ化され、インターネットを介して流通し、たとえばNetflixやHuluのようなサブスクリプション・サービスをつうじて受容される。そしてそこでは、いかにモノを持つかという「所有権」ではなく、いかにデータにアクセスするかという「アクセス権」が前景化される。

観光をめぐる現代的なコンテンツを考えてみても、昨今それらはインターネット経由で、デジタルデータとして流通するものが大半を占めている。本章では冒頭で「じゃらん」「食べログ」「トリップアドバイザー」「Airbnb」に触れたが、それらのアプリで閲覧＝受容されるのは、ユーザーがインターネットを介して投稿した口コミ情報や写真データというコンテンツである。現在のデジタル環境下では、プロではないアマチュアによるコンテンツが「ＵＧＣ」（User Generated Contents＝ユーザー生成コンテンツ）として産出され、それがインターネットをつうじてひろく流通するための基盤が確立されている。ちなみに金暻和はこの種のコンテンツの形態について、それを「普通の人々も情報発信できる環境を作りあげたインターネットを背景に、いわば「参加型文化」の中核として注目を集めた概念である」と解説したうえで、二〇一〇年代に入ってからは、それとは異なる形態のコンテンツ、すなわち「ＵＤＣ」が台頭することになったと指摘する。

近年ではＵＤＣという概念が浮上しつつある。ＵＤＣとは「ユーザー・ディストリビューティッド・コンテンツ」（User Distributed Contents）の略で、「利用者によって流布されるコンテンツ」を意味する。〔中略〕ソーシャルメディアでは、他のユーザーから注目や共感を得たコンテンツ、具体的にいえば、たくさんのリアクション（リツイートやシェア）を獲得したコンテンツが社会的にも影響力をもつ。言い換えれば、これは情報の生産・制作以上に、情報の拡

散という文脈が重要になってきた。（金 2021: 37）

ちなみに社会的話題を創出するために必要なのは、人びとがコンテンツに対して差し向ける「注意」や「関心」、すなわちアテンションである。金はリチャード・ランハムによる「注意の経済学」（economics of attention）をめぐる議論を援用しながら、「インターネットで希少性があるのは情報ではなく、逆に、情報に注がれる人々の注意や関心である」と指摘している。膨張をつづけるデジタルユニバースにおいて、もはや情報やデータそのものに希少性はない。そうではなく、情報やデータに注がれる人びとのアテンションこそが希少性をもち、それをより多く獲得するために、たとえばインフルエンサーや企業などは熾烈な獲得競争を繰りひろげているのである。そしてその限りにおいて「注意の経済学」は、コンテンツへと注がれるまなざしの問題を考えるうえで重要な視点だといえるだろう。

3 「体験の技術的合成」を指向するバーチャル観光

映画を考えても、それはもはや映画館やＤＶＤなどの物理的次元・物質的次元と乖離したところでデータ化され、Netflix のようなサブスクリプション・サービスをつうじて受容される。コンテンツの形態としても、従来のＵＧＣ に対して、ソーシャルメディアのシェアやリツイートの機能によりＵＤＣが存在感を増し、「注意の経済学」という視点からいえば、人びとの注意や関心を惹起するために設計される導線が変貌しつつある。メディア環境が大きく変容し、デジタルユニバースが拡大の一途をたどりつつあるなか、コンテンツの流通や消費をめぐる状況も急速に変容を遂げつつあるのだ。そしてそれに追い打ちをかけることになったのがCOVID－19だともいえる。すなわちその自粛ムードのなかで「オンライン／オフライン比率」が大きく組み変わり、コンテンツの流通と消費をめぐる状況も一変した。そして移動ができない、あるいは旅行に行くことができない状況が継続するなかで、あたかもその代替物であるかのように提案されるようになったのが「バーチャル観光」のコンテンツだといえる。では旅をせずに旅を想像させるこれらの観光コンテンツを、私たちはどう理解しうるだろうか。以下ではその具体例として三つほどとりあげておこう。

まず一つ目は、二〇二〇年三月二十七日付で近畿日本ツーリストのHPに掲載されたコンテンツ(4)である。そこには「【今だけ】旅行気分！ 360°バーチャル観光を楽しもう！」とのタイトルのもとで、ハワイやベトナムなどの有名観光地のパノラマ写真が数枚ずつ掲載されている。閲覧者がマウスなどで操作することにより、パノラマ写真のなかで方向を自在に変えながら風景を眺めることができる。非常に単純な仕掛けによるものではあるものの、たしかに特定の視点から風景を眺めるという行為を技術的にシミュレートする限りにおいて、これはたしかに「バーチャル観

(4) https://www.knt.co.jp/tabiplanet/other/200319/(2021.6.2アクセス)

光」として位置づけることができるだろう。閲覧者は自宅にいながらにして、自分が行きたいと願望する観光地の視点からその風景を眺めうるのだ。

二つ目の事例としてとりあげるのは、『北海道新聞』電子版の二〇二〇年五月二十八日付の記事[5]である。そこには「函館旅行、おうちで体験　ゲストハウスが「オンライン宿泊」開始」とのタイトルのもとで、あるゲストハウスによる取組みが紹介されている。それによると、オーナーがオンライン会議アプリ「Ｚｏｏｍ」経由で函館の街を動画付きで生解説し、さらに別々の場所からアクセスする参加者が「ゲストハウスの醍醐味」である「旅人同士の語らい」を満喫したと解説されている。むろん「オンライン宿泊」といっても、ここでは実際に宿泊がなされているわけではない。参加者は自宅などからＺｏｏｍへとアクセスし、ゲストハウスでの体験の断片を疑似的に共有するわけである。

三つ目の事例はフェロー諸島（デンマーク自治領）観光局が企画したリモートツーリズムである。現地では新型コロナウイルス感染症の影響を受けて島外からの訪問が禁止される状況にあったが、IDEAS FOR GOOD の記事[6]の報告によると同島の観光局は「オンラインで世界中からこの諸島の魅力を体験できるツアーを始めた。参加者はツアーが始まる時間になると、カメラを頭につけた島民が、実際に移動することで、島内のさまざまな場所をリモートで観光することができる」とその取組みが紹介されている。しかも「ツアーガイドは、歩いたり走ったりする以外に

（5）https://www.hokkaido-np.co.jp/article/425053（2021.6.2アクセス）

（6）https://ideasforgood.jp/2020/05/19/digital-tourism/（2021.6.2アクセス）

も、カヤック、乗馬、ハイキングなどのアクティビティに参加してくれる。また、ジャンプボタンを押すと実際にその場でジャンプしてくれるなど、あたかも現地を旅しているような気分を味わわせてくれる」という(7)。これもインターネットを介してリモートで旅を疑似体験できるものとなっており、同記事では「遠くへの移動が制限されるなか、旅行に飢えている人にはたまらないコンテンツだ」と解説されている。

以上のような形態でコンテンツ化された「バーチャル観光」に共通する要素を探るとしたら、それは何か。おそらく、旅における「体験の断片」を(なかば恣意的に)切り取って、それを技術的に再構成するかのような仕掛けに認められるといえるだろう。上記の三つの事例に含まれる「風景を眺める」「旅人同士で語らう」「アクティビティに参加する」という行為は、それぞれパノラマ写真、Ｚｏｏｍ、インターネットなどの媒体をつうじて技術的に形成される。むろん「体験の技術的合成」を指向するバーチャル観光のコンテンツは、そのモデルとなる実際の体験とは異なり、その体験の全体像を再構成しうるものではない。しかしそれでもバーチャル観光のコンテンツは、ある種の「見立て行為」をつうじて人びとにより難なく受容されうるのである。

むろんＣＯＶＩＤ-19が「オンライン/オフライン比率」を組み替え、「バーチャル観光」の量産を促進させた側面はある。しかし注意を要する点があるとすれ

(7) なお、ここで言及されるリモートでのアクティビティ参加は、見方によってはゲーム的だともいいうるだろう(ジャンプボタンを押すと実際にその場でジャンプしてくれる)。もちろん実際に観光地でジャンプをするという全身の運動と、ジャンプボタンを押すという指先の動作とのあいだには、本来的な対応関係は存在しないはずである。しかしここでは、それが多くのデジタルゲームのプレイで認められるのと同様のかたちで、恣意的に変換されているのである。

ば、「体験の技術的合成」を指向するそれがＣＯＶＩＤ－19以前から存在していたという点である。実際に現代では、「ある体験」がその本来のものとは別の技術的文脈のなかでシミュレートされ再構成される、ということがよくある。たとえばテニスをプレイするという体験が「Wii Sports」のなかで技術的に再構成される。映画をみたりＤＪをしたりする体験がスマートフォンの「djay2」アプリをつうじて再構成される。あるいは、映画『ジョーズ』における登場人物の恐怖体験がＵＳＪの当該アトラクションをつうじて再構成される。これら「体験の技術的合成」といいうる構図は、現代のいたるところで散見される事象なのだ。そしてそれがコロナ禍において、たとえば「オンライン○○」「リモート○○」「バーチャル○○」といったかたちで技術的に再構成されることになったが、「バーチャル観光」もまたそのような文脈において捉えうるだろう。

もうひとつ重要な点があるとすれば、バーチャル観光の多くはコンテンツ視聴を最終的な目的とするのではなく、それによって旅への想像や欲望を喚起するために作られていることである。つまりそれは人びとの注意や関心を惹きつけるための、「注意の経済学」の時代における重要な「手段」として位置づけうるのだ。

4　おわりに――メディアと化す旅／コンテンツと化す観光

本章ではＣＯＶＩＤ－19以前から進展してきた現代的なメディア環境の急速な変

容を概観したうえで、いくつかの事例に依拠してバーチャル観光をとりあげた。それらのコンテンツには、比較するならばこれまでさまざまに語られてきたコンテンツツーリズムなどと違い、観光およびそこから派生する体験そのものを合成しようとの企図が内在している。本章では「コンテンツ」および「メディア」の概念を軸に議論を展開してきたが、今日的なデジタルコンテンツとしてのバーチャル観光は、それらの関係性の錯綜した様相を如実にあらわすものといえる。

ボルツによる「メディアのメディア」をめぐる言説は先述したとおりだが、彼がそれを語るうえで依拠するマーシャル・マクルーハンは、これについて次のように指摘している。

どんなメディアでもその「内容」はつねに別のメディアである、ということだ。書きことばの内容は話しことばであり、印刷されたことばの内容は書かれたことばであり、印刷は電信の内容である。（マクルーハン 1987: 8）

ここでの内容とは「content」のことであるが、「話しことば」に対する「書きことば」、「書かれたことば」に対する「印刷されたことば」、「印刷」に対する「電信」といったように、より新しいメディアが登場することによって古くからあるメディアは「内容＝コンテンツ」として包摂される。そして「メディアのメディア」

としてのスマートフォンの場合などは、既存のさまざまなメディアを「アプリ」として取り込み、それらを管理＝コンテンツ化するものとして捉えることができる。あらゆるものがデータとして流通する現代において、従来よりもはるかに「メディア」と「コンテンツ」の関係は流動化しつつある。それは観光領域においても該当することであり、昨今ではさまざまなプラットフォームをつうじて、旅関連のコンテンツが流通する構図が浮上しつつある。

もともと旅は、人間にとって世界把握のためのメディアでありえたかもしれない。遠藤英樹は「「虚構の時代の果て」における「聖なる天蓋」――恋愛と旅の機能的等価性」と題された論考のなかで、かつてバックパッカー的な旅がそのような機能を有していた点を指摘する。「一九八〇年代後半から一九九〇年代にかけて、恋愛が現実感覚（リアリティ）やアイデンティティにアクセスするためのメディア（媒体）となっていた。宗教が聖性を喪失するとともに、恋愛が世界を「聖なる天蓋」で包み、秩序づけられた規範的な意味（コスモス）を私たちに与えてくれるようになったのだ。実は一九八〇年代後半から一九九〇年代の「虚構の時代の果て」にあって、恋愛と同じく、現実感覚（リアリティ）やアイデンティティにアクセスするためのメディア（媒体）として機能していたものが、もう一つある。旅である」（遠藤 2017: 96）。遠藤は、数多くの若者たちがその時期にバックパッカーとして「自分探しの旅」を体験するようになった点に注目し、事後的に刊行されたいくつかの旅行記のなかで、「「旅で自分を見つめ直すことができた」という言説」が反復されることになったと指摘する。「恋愛」にしても「旅」にしても、それらは当時の若者たちにとって、「生きる「意味」＝アイデンティティを付与する装置」として重要性をそなえていたのである。

しかしその後、遠藤によれば旅の「メディア」としての機能は後退していったという。彼によると「現代人は、恋愛に対しても、あるいは旅に対しても、醒めた「再帰的＝自省的なまなざし」をもち、〔中略〕日常のなかで最適化されたキャラクターをいかに身にまとうか〔中略〕を重視するようになったのではないか」と指摘される。旅や恋愛は、むろん現代において人びとを惹きつける対象としてコンテンツ化されつづけている。しかしその一方で、それらが若者たちの現実感覚《リアリティ》やアイデンティティに対して果たしえた機能は、時代とともに変質しつつあるのかもしれない。

以前であれば「メディア」として機能したバックパッカー的な旅について、須藤廣は次のように語る――「自立型の旅行形態のなかでは、偶然起こる出来事が多くの旅行者に降りかかる。不確定で不明瞭な出来事は、メディアが規定する予定調和的なイメージをどうしても超えていく」（須藤 2020: 156）。筆者がベトナムで遭遇した「「予期空間」の瓦解」は、まさに、ここでいわれる「不確定で不明瞭な出来事」の連鎖が惹起したものといえるかもしれない。

これに対して「メディアが規定する予定調和的」な旅の最たるものがあるとすれば、それは「バーチャル観光」のコンテンツなのではないだろうか。人びとは安全圏である自宅にいながらにして、インターネットを介してそれらのコンテンツへとアクセスし、ささやかな「楽しみ」を享受する。それは、須藤が語るバックパッカー的な旅の対極に位置するものともいえようが、しかし見方を変えるならば、COVID-19がもたらした新たな状況のなかで「メディアとしての旅」は以前にもまして成立が難しくなりつつあるのかもしれない。

バックパッカー的な旅において、あるいはCOVID-19によって「予期空間」に裂け目が生じたとしても、それは現代的なメディア環境においては即座に修復されてしまい、遅かれ早かれ、コンテンツを供給する枠組みが技術的に復旧するからである。さきの「乗換案内」の事例に即していえば、デバイスに表示される情報と、それが指し示す現実とのあいだに乖離が生じる瞬間があったとしても、それはアプリ内の情報が更新されることで、あるいはTwitterなどほかのメディアを参照することであっけなく補正される。その「予期空間」がもつレジリエンスを勘案するならば、もはや旅は「コンテンツ」を供給する源泉にはなりえたとしても、自己の身体をインターフェイスとしながらアイデンティティやリアリティを探求するための「メディア」にはなりにくいのかもしれない。

引用文献

アーリ、J（2015）『モビリティーズ――移動の社会学』吉原直樹・伊藤嘉高訳、作品社

遠藤英樹（2017）『ツーリズム・モビリティーズ――観光と移動の社会理論』ミネルヴァ書房

河島茂生（2014）「序章　デジタル・ナルシス」河島茂生編『デジタルの際――情報と物質が交わる現在地点』聖学院大学出版会

北野圭介（2014）『制御と社会――欲望と権力のテクノロジー』人文書院

金暻和（2021）「ソーシャルメディアと「関心の経済学」」小西卓三・松本健太郎編『メディアとメッセージ――社会のなかのコミュニケーション』ナカニシヤ出版

須藤廣（2020）「解説　「バックパッカー」体験の社会学に寄せて」萬代伸哉『バックパッカー体験の社会学――日本人の若者・学生を事例に』公人の友社

富田英典（2016）「メディア状況の概観とセカンドオフライン――モバイル社会の現在」富田英典編『ポスト・モバイル社会――セカンドオフラインの時代へ』世界思想社

ボルツ、N（1999）『グーテンベルク銀河系の終焉――新しいコミュニケーションのすがた』識名章喜ほか訳　法政大学出版局

マクルーハン、M（1987）『メディア論――人間の拡張の諸相』栗原裕ほか訳、みすず書房

松本健太郎（2019）『デジタル記号論――「視覚に従属する触覚」がひきよせるリアリティ』新曜社

Morris, J. & S. Murray (2018) *Applified: culture in the age of apps*. University of Michigan Press

3章　アフターコロナ期に向けたオンラインツアーの仕組みづくり

渡部瑞希

オンラインツアーの意義とは

コロナ禍における観光産業の壊滅的状況において、旅行会社や現地の自治体は、対面を回避しつつ旅行気分を味わえるオンラインツアー事業を強化している。とりわけオンライン事業に力を入れる旅行会社大手のエイチ・アイ・エスは、二〇二〇年十一月時点で七五〇コースのオンラインツアーを設定し、累計三万人を取り扱っていたが、二〇二一年度は商品数を二〇〇〇コースに拡大し、三〇万人の集客を目指している（週刊トラベルジャーナル 2021: 11）。また、ベルトラ・オンラインアカデミー(1)（以下、ベルトラ）は、コロナ禍で事業が低迷した現地ガイドやスタッフを救済する目的でオンライン事業に注力している。ベルトラの売りは、ライブ中継にこだわった質の高いオンラインツアーである。ツアーの多くは一時間から一時間半程度で遂行され、価格帯は無料のものから数万円するものまでさまざまであるが、平均価格は二千円から三千円とリーズナブルである。コロナ禍で外出自粛が続くなか、

（1）　ベルトラ・オンラインアカデミーは旅先の現地体験ツアーを企画する旅行会社で、オンラインツアーを始めたのは二〇二〇年七月である。筆者は二〇二一年五月十九日に、ベルトラの営業部長である黒木泉氏から約二時間にわたる聞取り調査をＺｏｏｍにて実施した。

手頃に旅行気分を味わえるオンラインツアーの需要は伸びていくと考えられる。

一方、オンラインツアーに対して否定的な意見もある。（旧）トラベル日本[2]で営業部長を務めていた堀田敏夫氏によれば、五感（視覚、聴覚、嗅覚、味覚、触覚）を刺激することが旅の醍醐味であるにもかかわらず、オンラインツアーにはそうした要素が欠如しているという。「オンラインツアーでは現地の状況を瞬時に味わえるかもしれないが、実際は味わえないものが多くある」というわけである。それに加え、堀田氏はオンラインツアーには旅行会社のスタッフと顧客とのヒューマンタッチな関わりが欠如しているという。たとえば、コロナ以前の移動を伴う観光において、旅行会社のスタッフは顧客の個人情報を厳重に取り扱い、時に顧客個々人の好みや抱える悩み、諸事情に配慮したきめ細かなサービスを提供していた。これに対し、オンラインツアーの個人情報はデジタルで管理され、旅行会社も現地ガイドもツアー参加者の氏名や年齢はおろか、どんな容姿であるかさえも知る必要がない。こうしたオンラインツアーの「冷たさ」も否定的な見方の一つであろう。

では、旅行会社にとってオンラインツアーは「コロナ期を耐え抜く一時しのぎの事業」なのだろうか。確かにオンラインツアーはリアルな観光と比べて収益や体験の質という点で劣るかもしれない。しかし、オンラインツアーを企画する一部の旅行会社および自治体は、リアルな旅行の「下見」もしくは新たな観光地への集客目的として、アフターコロナ期でも需要を維持できるオンラインツアーにある一定の

（2）（旧）トラベル日本は、一九六四年に創業した老舗の旅行会社であったが、コロナ禍による事業低迷により二〇二〇年十二月二十五日に営業を停止している。筆者は二〇二一年一月二十五日に、（旧）トラベル日本の堀田敏夫氏から約一時間半にわたり聞取り調査をＺｏｏｍにて実施した。

望みを抱いている。

本章はオンラインツアーの是非を問うものではない。むしろ、こうした否定的な見方を踏まえた上で、旅行会社や自治体がアフターコロナ期に復旧するであろう移動と五感を伴う観光と並行して、オンラインツアーの需要をいかに維持しようと努めているか、そもそも需要のあるオンラインツアーはどのような仕組みをもつのかについて明らかにすることである。

なお、本章の調査データは、（旧）トラベル日本の堀田敏夫氏と、ベルトラでオンラインツアーの運営・企画に携わる黒木泉氏からの聞取り調査および、オンラインツアーに関するセミナーから得た情報、筆者自身がオンラインツアーに参加した際に収集したものに基づく。

1　コロナ以前とコロナ以後の観光経験

コロナ禍によって移動を伴う観光が制限されると、実際にホストとゲストが相互行為する場が失われた。この不測の事態は、観光業界内に以下のような新しい言説を生み出した。それは「移動と対面を伴う観光＝リアルな観光」とそれに対峙する「オンラインツアー＝仮想的な観光」である。たとえば、二〇二一年二月八日に発行された『週刊トラベルジャーナル』で「オンラインツアーの磨き方」という特集が組まれたが、そのなかでオンラインツアーに対峙する用語は「リアルツアー（移動と対面を伴うツアー）」であった。また、堀田氏、黒木氏からの聞取り調査の際、両者ともにオンラインやバーチャル、仮想空間と反対の意味を成す言葉として「リアルな旅」を多用していた。コロナ禍が観光業界全体に与えた影響は、「実際に観光の場に行く／いる＝リアル」という新たな枠組みを生み出したことである。

では、コロナ禍以前、観光の場はどのようにとらえられていたのだろうか。まず、観光人類学の古典研究において、観光の場はリアルなものではなくむしろ「真正性が演じられた虚構空間」ととらえられていた（Boorstin 1961＝1964; MacCannel 1976＝2012）。ブーアスティンは、大衆観光客がホスト社会の演出するアトラクションに喜び、騙されていることを知りながら「疑似イベント」を楽しむと論じる（Boorstin 1961＝1964）。一方マキャーネルは、ブーアスティンとは対照的に、どの観光客もホスト社会の「本当の伝統文化」や「生身の生活」を探求しに観光地へ赴くが、観光客が実際に現地で見せられるのはホスト社会が観光客向けに創った「舞台化された真正性」、すなわち「まがいもの」であると論じる（MacCannel 1976＝2012）。このように古典的な観光人類学研究は、コロナ禍以降の「観光の場＝リアル」とは真逆の議論を展開していた。

重要なことは、虚構空間とされていた観光の場が、なぜ一気にリアリティを獲得するに至ったかである。それは単にコロナ禍によって移動と対面が困難になったからではない。むしろオンラインツアーという仮想空間が需要を得たことで、オンラインツアーが「まがいもの」とされた観光の場にとって代わったのである。つまり、コロナ禍で「移動と対面を伴う観光の場＝リアル」として認識されるようになったのは、オンラインツアーの存在が浮上したためである。

こうした経緯でリアルな社会空間を輪郭づけたのはオンラインツアーだけではない。過去に、「日常生活の場＝リアル」であるとわれわれの社会に浸透させたのはディズニーランドだとされる。ディズニーランドは、模擬や模造、幻影といった記号的世界で構成されたこの現実世界がリアルなものであることを証明するために創られた虚構空間である（Baudrillard 1981＝1984: 17）。つまり、まさにディズニーランドの虚構性によってこの世界がリアルなものとして人びとに認識されるようになったのである。最初に強烈な虚構空間（ディズニーランド、オンラインツアー）ができて、それ以外の場（ディズニーランドの外の世界、実際の観光の場）がリアリティを獲得する——こうした経緯がオンラインツアーとディズニーランドの類似点である。

オンラインツアーがアフターコロナ期でも生き延びるために、常に高い需要を保持するディズニーランドの経営戦略を参照することはある程度、理にかなっているといえよう。しかし、ディズニーランドは人工的につくられた虚構空間としてリアルな日常性を徹底的に排除する工夫が施されているのに対し、オンラインツアーはむしろリアルな要素を埋め込むよう企画されている。たとえば、ディズニーランドではリアルな日常性を醸し出す飲食物の持ち込みは禁止されているし、パーク内から外の世界が見えないように設計されている。しかし、後に詳しく述べるように、オンラインツアーではリアルな旅に近づけるよう五感を持ち込む工夫が施されている。ディズニーランドの経営戦略を参照する前に、オンライン・コミュニティに関する人類学的研究からオンラインツアーならではの状況を明確にする必要がある。

2　リアルな観光経験とオンラインツアーとの相互関係

まず、オンライン・コミュニティに関する人類学的研究では、オンラインとオフライン、インターネット空間と実際の社会空間が対立しながらも相互に関連していることを明らかにしている（Horst & Miller 2012; 奈良 2021）。たとえば奈良雅史は、雲南省昆明市の回族(3)と呼ばれるイスラーム系少数民族の間で、オンライン・コミュニティがムスリムの結婚相手を見つける上で有効活用されているという。回族のオンライン・コミュニティはレクリエーション活動に比重が置かれるため敬虔なムスリムから否定的にとらえられている。しかし、敬虔なムスリムもイスラームの義務である婚姻を実現するためにオンライン・コミュニティで結婚相手を探す。こうした現地の状況を鑑み、奈良は「回族コミュニティはバーチャルとリアルのもつれ合いとして展開している」と述べる（奈良 2021: 153）。

確かに、オンラインツアーの参加者や企画者の声を拾い上げてみると「オンライ

(3)　回族は、主に唐代から元代にかけて中国に移住した外来ムスリムとイスラームに改宗した漢人との通婚の繰り返しにより形成された民族集団とされる。

ンとオフライン」「バーチャルとリアル」が混ぜ込まれているのがわかる。エイチ・アイ・エスやベルトラの企画するオンラインツアーの参加者が最も多く寄せる口コミは「実際に行ってみたくなった」、「コロナが終わったら現地に行って実際にガイドさんに会いたい」というものである。つまり、オンラインでの経験をリアルな観光につなげたいという感想である。そうした口コミがあるからこそ、オンラインツアーを企画する旅行会社は、アフターコロナ期におけるオンラインツアーの意義を「リアルな観光につなげる可能性」ととらえている。

しかし、オンラインツアーでの経験が実際にリアルな観光へとつながるか否かを判断するのは時期尚早である。たとえば、二〇二一年三月十八日に開催されたウェブセミナー『オンラインツアーのこれから――広がる未来と可能性』に登壇した、やまとごころ㈱の村山慶輔代表は、オンラインツアーの課題として「参加している時は盛り上がるし行きたくなるが、参加者はそのうち忘れてしまう」ために、ツアーを忘れさせない工夫が必要であると語った。つまり、ネットを介した経験はリアルでも物理的でもないために脆弱だというのである。そうであるなら、オンラインツアーの経験がリアルな観光経験に直結するか否かは、オンラインツアーを企画する旅行会社や自治体がそうした脆弱さを軽減するような創意工夫をいかに展開するかにかかっているといえよう。

だからといって、現時点でオンラインツアーとリアルな観光の相互作用が皆無だといいたいのではない。むしろコロナ禍のオンラインツアーは、オンラインでのやり取りが実際の社会空間（リアルな観光の場でのやり取り）を形成するというよりは、コロナ以前のリアルな観光経験をオンラインの場で再確認するといった逆向きのベクトルで進行している。ベルトラが二〇二一年六月時点で算出したオンラインツアー参加者データは、そのことを如実に物語っている。

まず、ベルトラの既存の主要顧客（コロナ以前のリアルな観光客）は、二十代～四十代の女性であった。しかしコロナ禍におけるオンラインツアー参加者は、四十代～六十代の女性になったという。この変化についてベルトラでオンラインツアーの運営・企画に携わる黒木泉氏は、「四十代～六十代の参加者の場合、オンラインツアーとの比較対象はリアルな観光経験であるが（実際のブラジル旅行は五十万円だがオンラインであれば二五〇〇円だから得であるなど）、二十代の比較対象は無料で視聴できるYouTubeやNetflixだから、彼らはわざわざお金を払ってまでオンラインツアーに参加しない」という。オンラインツアーの主要な参加者が四十代～六十代の女性だとすれば、オンラインツアー参加者はリアルな観光経験をオンラインツアーという仮想空間内に反映していることとなる。

3　五感の刺激、ヒューマンタッチな要素

ベルトラは、そうした参加者のリアルな観光経験に応える形でオンラインツアー

を企画・運営している。では、仮想空間に取り込むべきリアルな観光経験とは具体的にどのようなものであろうか。本章のはじめに述べた堀田氏の言葉を思い出されたい。リアルな旅経験とは、五感の刺激および現地スタッフと参加者とのヒューマンタッチなやり取りに他ならない。たとえば、リアルな観光に近い視覚・聴覚を刺激する上で重要なことは、あらかじめ現地の様子を録画した映像を流すよりも現地の状況をライブ中継することである。ベルトラはライブ中継にこだわるツアーを提供することで、ツアーの参加者に現地の天気、風の音、行きかう人びとの声、雰囲気をリアルタイムに感じてもらおうと考えている。また、嗅覚と味覚を刺激するものとして、ツアー中に現地の食事が味わえるプランが充実している。たとえば某大手旅行会社は、オンラインで牧場見学しながら自宅で高級な和牛が味わえるツアーを出している。コースは和牛のグラム数と内容に応じて、一万二五〇〇円（税込／一名あたり）と九五〇〇円（税込／一名あたり）とがある。食事がつくと高額になるが、視聴のみの場合は一五〇〇円（税込／一名あたり）と格安である。参加者は料理長のレシピに基づいて自身で調理する必要があるため、現地で実際に提供される料理を堪能できるとまではいかないが、こうしたプランもオンラインツアーにリアルな要素を埋め込んだものと考えられる。

次に、オンラインツアーでヒューマンタッチな要素がどのように体現されているかをみてみよう。まず、オンラインツアーの成功／失敗を決める要は現地ガイドの質だとされる。オンラインツアーの場合、参加者の顔や表情は通常見えない。そのため、オンラインツアーのガイドには参加者の反応が確認できなくても詳しい説明・楽しい話を繰り出せる能力が必要となる。オンラインツアーのなかでガイドは絶え間なく「一方的」に話し続け、時折り投げかけられる参加者からの質問に答えたりする。なかなか質問できない参加者はチャット機能を利用して質問したり参加者同士で交流したりする。ベルトラの黒木氏によれば、現地ガイドの強烈な個性やカリスマ性にツアー参加者は魅力を感じ、同じガイドが案内するツアーを何度もリピートするようになるという。つまり、オンラインツアーの参加目的の一つに、お気に入りのガイドに「会う」ことが含まれているのである。たとえば、筆者が二〇二一年五月二十一日に参加したベルトラの企画する「ドバイ・スパイスツアー」では、ガイドのカリアさんが人気であった。ツアーでは、ドバイの博物館やモスク、香辛料や金製品が立ち並ぶ旧市街やスーク（マーケット）の様子が映し出され、カリアさんが堪能な日本語でコミカルに説明していく。質問がある場合は、Ｚｏｏｍの音声をオンにしてカリアさんと直接対話することもできる。ツアー参加者は筆者を含め六名であったが、どの参加者も積極的にカリアさんとコミュニケーションをとり、ドバイに関することだけでなくカリアさん自身に関する質問も投げかけていた。ツアー内で参加者同士が対話することはなかったものの、現地ガイドと参加者の対話に関しては、リアルな観光の場で展開されるものと同様の仕組みが技術的に可能となっている。

注目すべきは、口コミ評価の高さ（5段階中4・77）とカリアさんへのコメントの多さである。内容は、「カリアさんの日本語がうまくてわかりやすい」、「楽しい話で和ませてくれた」など肯定的な口コミがほとんどである。ドバイのツアーに限らず、口コミ評価の高いオンラインツアーは、現地ガイドの説明スキルとガイドと参加者の密な交流を特徴としている。

ガイドに特化した口コミは、リアルな観光の場ではほとんど見られないオンラインツアーならではのヒューマンタッチな状況を示している。先に述べた（旧）トラベル日本の堀田氏の発言にあるように、リアルな観光の場で必要とされるのは個人情報を介した旅行会社スタッフと顧客との密な信頼関係であった。一方、オンラインツアーでは、必ずしも個人の名前や顔すら明かされない状況のなかで、現地ガイドの人柄や話術に魅了されて、ガイド個人の「ファン」になりリピートする。ガイド個人に魅力を感じることこそ、オンラインツアーのヒューマンタッチなあり方である。

4　おわりに――リアルと仮想の二重構造をつくる

これまで、オンラインツアーの企画者が参加者の需要に応えるために、どのようにリアリティをツアーのなかに組み込んでいるかを述べてきた。それは、実際の観光の場で体感できるであろう五感の刺激とヒューマンタッチな要素であった。

しかし、オンラインツアーの価値はリアルな要素を入れ込めるか否かで決まると結論づけるのは危険である。先述したように、オンラインツアーに埋め込まれる視覚、聴覚、嗅覚、味覚、ヒューマンタッチな要素もリアルな観光で経験するものとは程遠い。ライブ中継であっても実際にその場にいるわけではないし、オンランツアー中に現地食のにおいや味を体験できても、現地で実際に再現されるものとは異なるであろう。このように、オンラインツアーの価値をリアルな要素で定義すると、オンラインツアーはリアルな観光の「型落ち版」のレッテルを貼られることになる。リアルとの比較や再現を中心にオンラインツアーを方向づけるならば、アフターコロナ期でリアルな観光が可能となった際、オンラインツアーは需要を落とすことになるであろう。

むしろオンラインツアーは、リアルな観光とは別領域の全く新しい観光形態として発展可能ではないだろうか。そのために参考となるのが、先に取り上げたディズニーランドのケースである。

ディズニーランドはリアルな日常生活と隔たった虚構空間であるが、パーク内は完全なる虚構性で彩られているわけではない。ディズニーランドの戦略は、リアルと虚構の二重性を何層にも織り込むことで、パーク内の世界がリアルなのか虚構なのかわからなくさせる装置を細部にわたり配置することにある（渡部 2017）。たとえば、ジャングルクルーズのクルーのオーバーなリアクションは「本当らしい嘘」であると同時に「嘘っぽい本気」である。クルーが参加者から評価を得るには、「本当らしい嘘を仕事として本気で取り組んでいる」というように、本物と嘘、本気と冗談の二重構造を何層にも織り込む必要がある。参加者にとってクルーのオーバーリアクションは、嘘と本当が混同し絡み合っているために、嘘か本当かのどっちつかずの状態になる。むしろ、そうした判断を鈍らせるような二重構造の只中に参加者をほうりこむことで、参加者は瞬間的に夢心地になるのである。「夢と魔法の国」は虚構空間が演じられた場ではなく、「この世界は現実か、虚構か」の判断がつかぬまま宙ぶらりんの状態に据え置かれる時にはじめて実現可能となる。

本章の主題であるオンラインツアーも、ディズニーランドのような形で価値を高めていくことが可能ではないだろうか。先に取り上げた現地からのライブ中継で参加者の視・聴覚に訴えかける仕組みは、確かにオンラインツアーにリアルな要素を注入する試みであるが、「仮想空間のなかのリアルタイム」といったリアルと仮想の二重構造の只中に参加者を誘うものでもある。参加者は仮想空間内で起こるリアルタイムなハプニングや現場とのやり取りを通じて「実際に行った気になった」と評価する。このように、現地に行ったような行っていないような錯覚を引き起こせることが重要である。

最後に、筆者のオンラインツアー仲間が語ったあるエピソードを紹介しよう。はじめてオンラインツアーに参加した際、彼はツアー終了後、手を洗いに洗面所にいった。手を洗いながらふと我に返ったのである。「外出していたかな？」と。彼は外出などしていない。オンラインツアーに参加しただけである。こうした没入状況はオンラインツアーに起こりがちである。それは、リアルと仮想の二重構造の只中に彼が放り込まれたことを指し示している。

参考文献

『週刊トラベルジャーナル』二〇二一年二月八日

奈良雅史（2021）「第十章　ヴァーチャルとリアルのもつれあい――中国雲南省昆明市におけるムスリム・コミュニティの変容」『モノとメディアの人類学』藤野陽平・奈良雅史・近藤祉秋編、ナカニシヤ出版

渡部瑞希（2017）「観光研究における真正性の再考察――カトマンズの観光市場、タメルで売られる「ヒマラヤ産の宝石」の事例から」『観光学評論』5(1): 21-35

Baudrillard, J.（1981）*Simulacra and Simulation*, Ann Arbor: University of Michigan Press［ボードリアール（1984）『シミュラークルとシミュレーション』竹原あき子訳、法政大学出版局］

Boorstin, D. J.（1961）*The Image: or, What Happened to the American Dream*, Atheneum paperbacks［ブーアスティン（1964）『幻影《イメジ》の時代――マスコミが製造する事実』後藤和彦・星野郁美訳、東京創元社］

Horst, H. A. & D. Miller（eds.）（2012）*Digital anthropology*. London and New York: Berg

MacCannell, D.（1976）*The Tourist: a New Theory of the Leisure Class*, Schocken Books［マキャーネル（2012）『ザ・ツーリスト――高度近代社会の構造分析』安村克己・須藤廣・高橋雄一郎・堀野正人・遠藤英樹・寺岡伸悟訳、学文社］

4章　ソーシャル・ディスタンスはなぜそう呼ばれるか
――旅を再想像するための一考察

高岡文章

ＣＯＶＩＤ－19状況下において、「ステイホーム」と並んで人口に膾炙した標語の一つが「ソーシャル・ディスタンス」であろう。「社会的距離」と訳すのが一般的で、公共空間において他者とのあいだに一定の距離（たいていは一メートルから二メートル）を保つことを求めるものだ。つまり、ソーシャル・ディスタンスという用語は、身体的／物理的距離というフィジカルなものを指し示している。では、フィジカルな距離をあらわすために、なぜ「ソーシャル」という語が用いられるのだろう。

本章では、フィジカルな距離とソーシャルな距離のあいだの「距離」を問うてみたい。身体的／物理的な距離と社会的な距離とはどのように重なり、どのようにすれ違っているのだろうか。社会学および観光研究の蓄積に依拠しながら、私たちの社会における「社会的なもの」の位相を明らかにしてみよう。ただし、問いに対する答えをただちに追い求めるのがここでの目的ではない。ソーシャル／フィジカルなものを問う本章の作業は、観光という概念をいったん解体し、組み直していく試みでもあるだろう。

1　距離の社会性

英語圏ではソーシャル・ディスタンス（social distance）よりもソーシャル・ディスタンシング（social distancing）の語のほうが一般的で、日本語では社会的距離拡大戦略と訳される。疫学者の大西一成によれば、ソーシャル・ディスタンシングは二〇〇六年頃から用いられはじめた医学用語で、「感染拡大を防ぐために物理的距離をとる」ことを指すという（大西 2020）。コロナ禍において、世界保健機関は、当初用いていたソーシャル・ディスタンシングを途中からフィジカル・ディスタンシングに改めた。確保すべきは社会的距離ではなく身体的／物理的距離なのだと考えれば、用語の変更は確かに不自然なことではない。しかし、だとすれば、なぜ当初は「ソーシャル」・ディスタンシングの語が使われていたのだろうか。

大西は、ソーシャル・ディスタンシングが比較的新しい用語であるのに対し、ソーシャル・ディスタンスは一九四〇年代から「人間の心理的距離」を示す言葉として使用されてきたと述べている。つまり、ソーシャル・ディスタンスは、そもそも社会的な距離を意味する概念として用いられてきた。ここでは、ディスタンシングとディスタンスの使い分けが重要なのではない。問題は「ソーシャル」である。フィジカルな距離を確保するよう求められるCOVID-19的世界においては想像することが容易ではないが、距離はあくまでも、どこまでも、社会的なものだ。このことをまずは強調しておこう。

距離の社会性について、いち早くユニークな議論を展開したのが、文化人類学者のエドワード・ホールである。彼は一九六六年に発表した『かくれた次元』のなかで、対人距離と相互行為の相関関係を四つに分類した（Hall 1966=1970: 160-181）。四五cmまでの密接距離は私的空間における愛撫や格闘、慰め、保護のための距離であり、四五〜一二〇cmまでの個人距離は友人らとのあいだに保つ通常の間隔、一二〇〜三六〇cmまでの社会距離はフォーマルな相互行為の距離幅、三六〇cm以上の公衆距離は観衆に対する距離幅であるという。私たちはコミュニケーションや対人関係といったソーシャルな距離「感」に準拠してフィジカルな距離を調整している。対人距離という一見フィジカルでわかりやすいものが、実は社会的な関係性の網の目に組み込まれていることをホールは明らかにした。

ホールの議論をきわめてわかりやすい形で例示する風景を、私たちは京都・鴨川にみることができる。地元の若者や観光客たちがペアや小さいグループになり、川べりに腰を掛けて長話に興じている。彼らは、明文化されたルールも口約束もないままに、互いの楽しみを邪魔しないよう、グループ間の距離を確保して座る。対岸からみると見事に等間隔に離れていることから、等間隔カップルや鴨川ルールと呼ばれる。距離は、偶然保たれているわけではない。親密な者だけが立ち入りを許されるパーソナルスペースに異質な他者が侵入してくることのないよう、きわめて厳格な社会的配慮がここでは張り巡らされている。

このようなひりひりする人間関係の緻密さを鮮やかに描き出したのが、社会学者のアーヴィング・ゴフマンであった。混みあった電車やバスの車内では、他者とのフィジカルな距離を保つことが難しい。互いに近接せざるを得ない公共空間において、人びとが他者に対して特別の好奇心がないことを示しあう様子を、ゴフマンは「儀礼的無関心」（civil inattention / civic indifference）と名づけた（Goffman 1963=1980）。儀礼的無関心は単なる無関心とは異なる。むしろその逆である。それは、相手に関心があるにもかかわらず無関心を装うという、演技的な配慮である。ここでは、フィジカルに近接している両者が、ソーシャルな意味において互いに確保する距離感が問題となっている。距離の、なんと社会的なこと。

ゴフマンは他者と近接せざるをえない「異常事態」を観察したわけだが、ホールにおいてもゴフマンにおいても、本来であれば、他者とのあいだに適切な身体的／物理的距離が確保されているのが「正常」な状態とみなされている。私たちは日常的に、フィジカルな近さがソーシャルな近さに、フィジカルな遠さがソーシャルな遠さに対応すると考えている。

2 リモートな社会性、モバイルな親密性

ＣＯＶＩＤ－19は、距離と親密性の関係性を思わぬ形で反転させた。二〇二〇年三月十八日、ドイツ首相アンゲラ・メルケルは、感染拡大を防ぐため厳しい移動制限を強いることを決め、テレビを通して国民に直接訴えた。「相手を慈しむ行為は、身体的な距離の近さや触れ合いを伴うもの」であるが、「今は距離を置くことが唯一、思いやりなのだ」。愛する家族や親戚を大切に思うのであれば、今は離れて生活しようと呼びかけたのである。フィジカルな距離の確保こそが親密さの証なのだという。距離の、なんと社会的なこと。

離れていながらも、人は他者の気配を感じ、コミュニケーションをやりくりし、親密な関係性を維持することができるだろうか。いかにもＣＯＶＩＤ－19的であるように思えるこの問題は、実は古くて新しい。ここでは社会学の鉱脈をたどりながら、距離を隔てた他者との関係性について検討してみよう。

社会学は群衆と大衆を明確に区別する。『社会学辞典』によれば、群衆は「空間的に近接し集合行動を行う」のに対して、大衆は「空間的に散在し間接的に接触するにすぎない」（見田・栗原・田中編 1994: 576）。近代社会において、人びとの相互行為は特定の場所や空間から「脱埋め込み」されている。「空間的に散在」した人びとは、しかし何らかの形で「つながり」を維持している。必ずしも対面性を前提

としない相互行為は、近代に特有の現象であるといえよう。

ユルゲン・ハーバーマスは、十七世紀イギリスにおける市民的公共圏の形成過程を明らかにしている（Habermas 1990[1962]=1994）。市民たちは、喫茶店やサロンといった場に集い、小説やオペラなどの文芸的な事柄から、国家や政治をめぐる公共的な事柄までの多岐にわたる話題について議論した。対面的なコミュニケーションにより形成される彼らの言論は、やがて雑誌や新聞へと接続されていく。こうして、メディア空間のなかに次第に公共圏が確立していくのだという。

ベネディクト・アンダーソンは近代国民国家を「想像の共同体」と呼び、国民を「イメージとして心に描かれた想像の政治共同体」と定義した（Anderson 1991[1983]=1997）。国家とはメディア的想像力の産物にすぎない。国民は互いに知ることも会うこともないが、しかし同じ共同体に属し、強く結びつけられている。彼らのつながりを創出し、維持するのに決定的な役割を果たしたのが、出版資本主義である。書物や新聞の出版と連動して国語が生みだされ、同じ言語を用いる共同体として国民が想像／創造されたのだ。

マーシャル・マクルーハンは、メディアを「人間の拡張」と捉えた。彼はテレビの普及を念頭に、私たちがメディアを介して築きあげる親密なコミュニケーションの様態を「グローバル・ビレッジ」と呼んだ（McLuhan 1962=1986）。

デジタルメディアの登場によって、距離は劇的に克服されていく。ほんの二〇年ほど前まで、遠距離家族や遠距離カップルは、高額な料金を払いながら国際電話や長距離電話でつながって、親密性を維持していた。こんにち、ＬＩＮＥやFaceTimeなどの無料通話アプリによって、距離を隔てた共在感覚が常態化している。カップル間の常時接続は「リモート同棲」と呼ばれ、どちらかが寝落ちするまで続けられる。

富田英典によれば、遠距離の親密性は、親密な者どうしのみならず、見知らぬ他者とのあいだでも維持されているという。現代社会では、匿名的な親密性が広がっていると述べて、彼はそれを「インティメイト・ストレンジャー」（親密な他者）と名づけた（富田 2009）。古くはパソコン通信や伝言ダイヤルにはじまり、こんにちではソーシャルゲームなどを通して、互いに顔も名前も知らず、対面的に会ったこともない者どうしが、オンライン上で親密なコミュニケーションを紡いでいる。

ジョン・アーリは、デジタル・コミュニケーションと交通システムが加速度的に進歩を遂げ、ヒト・モノ・イメージがめまぐるしく移動していく状況を「モビリティ」概念によって分析した（Urry 2007=2015）。コミュニケーションは、離れた場所と場所をつないでおこなわれているだけではない。移動しながらおこなわれているのだ。モビリティはオン・ザ・ムーブのコミュニケーションを加速させている。象徴的な局面の一つが旅だろう。私たちは移動中の列車や旅先のホテルにおいて、スマートフォンやノートパソコンを用いて家族や親しい友人たちとつながる。移動中の車内では、ゴフマンが観察したような対面的な相互行為の緊張感は後退している。私たちは、隣りあわせた他者との配慮ゲームよりも、遠くにいる知人たちとのオンライン・コミュニケーションに夢中だ。デジタル技術とモビリティに刻印された新しい時代における親密性を、アーリはアンソニー・エリオットとともに「モバイルな親密性」と呼んだ（Elliott & Urry 2010=2016）。

3　泡をめぐる想像力

いよいよ議論が移動や旅へと及んできた。

観光研究の泰斗ダニエル・ブーアスティンは、観光客の隔離（insulation）を批判的に論じた（Boorstin 1962=1964）。観光客は鉄道や飛行機に乗って移動する際、自分が通過する空間から隔離されている。彼らは土地の空気や音、匂いとはまったく無関係に動く。近代的な交通手段は「人を孤立（isolate）」させる。移動経験が空虚になるとき、目的地に着いてからの経験もまた「空虚で、無意味なものになる」と彼は嘆く。旅行会社やホテルは観光客を旅行先の「土地から隔離」する。イスタンブール・ヒルトンはトルコのまんなかにありながら、観光客のトルコ体験を「間接的」なものにする。

ブーアスティンが、旅先の社会を基点とし、そこから観光客までの隔絶した距離をネガティヴに捉えたのだとすると、エリック・コーエンはそれを「環境の泡」

(environmental bubble)と卓抜に言い換えることで、観光客の世界に焦点をあてる(Cohen 1972)。コーエンはいつもの(退屈な)類型を用いながら、組織化された大衆観光者は、旅先でも、彼らの日常世界という「環境の泡」から出ることはないと述べる。ティム・エデンサーはそれを空間的な概念として再定義し、観光地における観光者だけの排他的な「飛び地」(enclavic tourist space)を分析した(Edensor 1998)。

説明するまでもなく、「隔離」や「孤立」「泡」「飛び地」といった概念は、必ずしもフィジカルなものを指し示しているのではない。観光者は移動中や移動先の空間からソーシャルな距離を保ち、目に見えない「泡」のなかに留まる。

観光研究が長らく問題化してきた「泡」のメタファーを、二〇二〇年、私たちは思わぬ形で再び耳にすることになった。

メルケル首相に触発されたのか、二〇二〇年三月二十六日、ニュージーランド首相のジャシンダ・アーダーンもまた、COVID-19下のロックダウンに際し、自国民に向けたメッセージを発表した。メルケルがテレビ演説をおこなったのとは対照的に、アーダーンはリモートワーク中の自宅からインターネットでビデオメッセージを発信したのだった。いかにも新しい時代の政治家像を象徴する手法であるが、さらに驚かされたのは、彼女が発信した内容である。ステイホームを促すなかで、「あなたの泡のなかに留まる」よう求めたのだった。

アーダーンの「泡」概念は、そのわかりやすさもあってか、ただちに観光政策に適用されていく。ニュージーランド国内の都市間移動や、オーストラリアなど一部の国との往来を拡大していく際、「トラベル・バブル」(travel bubble) という用語が発案される。その後、日本を含む多くの国でも、トラベル・バブルの語を用いて移動の制限と緩和が語られるようになった。二〇二一年におこなわれた東京オリンピック・パラリンピック競技大会をはじめ、大規模な国際スポーツイベントでは、感染予防のために選手や関係者を外部から遮断する対策が採られ、それは「バブル方式」と呼ばれた。

泡のなかには、家族がいて、地域があり、それらが国家によって守られている。それは安全で安心な空間として把握されている。そして、その甘やかで調和的な世界は、そうでないものを泡の外へ排除することによって保たれる。飛沫、三密、よそ者、都市間移動、水際対策……。ここでの泡が、きわめてフィジカルな計量を前提としていることに注意が必要だ。なぜなら、「泡」政策のすべては、フィジカルな距離確保のためにおこなわれているのだから。こうして、親密ではない他者をフィジカルに遠ざけることが、感染対策の名のもとで正当化されていく。距離の、なんとフィジカルなこと。

4　フィジカルなものはソーシャルである

社会学における距離や、観光研究における泡は、あくまでも、どこまでも、ソーシャルなものであった。ところがＣＯＶＩＤ-19的な状況下では、人文・社会科学の分析概念が感染予防の政策用語に「横取り」され、ますますフィジカルなものとして把握されていく。

しかし、フィジカルなものはソーシャルである。度量衡は国家や社会によって制度化されているし、泡のなかにあるとされる家族、地域、国家はそれ自体が社会的に制度化された、想像力の産物である。そのことを社会学は執拗に暴き出してきた。

厚生労働省による布マスクの配布は世帯を基礎単位とした。ステイホームの掛け声は、人びとの生活や行動を家庭という私的空間のなかに閉じ込め、感染者の同居家族は濃厚接触者として自己隔離の対象となった。県外移動は自粛や制限を求められ、国境は閉鎖された。泡の内と外の境界線は太字で上塗りされ、自明視されていく。

問題は、ソーシャルであるはずのものが、あたかもフィジカルなものとしてのみ把握されていくことだ。それらはたやすく可視化され、区分され、管理されていく。家族の外にいる者、地域の外に住む者、国境の向こう側にいる者は、ただちに排除され、隔離される。接触確認アプリ、「夜の街」の住人、若者、外国人、そして旅行者たち……。あいまいで、流動的で、不確かなものが、計量可能なもの、自明なものへ置き換えられていく。ソーシャル・ディスタンシングの、フィジカル・ディスタンシングへの呼び換えは、それを象徴的に暗示している。COVID-19はソーシャルなものとフィジカルなものの関係性を単純化する。

ソーシャルをフィジカルへと置き換えるオセロゲームは、観光にも及んでいる。COVID-19は人びとの移動を極限まで制限し、観光産業に大きな打撃をもたらしただけでなく、観光研究や観光教育を窮地に追い込んだ。「オーバーツーリズム」から一転して「ツーリズム・イズ・オーバー」へ。観光の終焉が語られ始めた。

しかし、身体的／物理的な移動が大幅に制約された時代においてこそ、私たちは観光とは何かについて、よりクリアに考えることができる。観光はフィジカルに移動するだけの行為だろうか。観光にはフィジカルな移動が必須だろうか。観光を因数分解してみよう。

『ローマの休日』を観てローマを訪れる観光客は、実際のローマを歩きつつ、映画のなかのローマを歩いてもいる。ここでは、現実の空間とメディア的な空間が織り重なりながら、複層的な観光体験をつくりあげている。広島の原爆死没者慰霊碑の前にたたずめば、修学旅行生たちの賑やかな声とともに、原爆以前の広島の人びとの日々の息づかいや、一九四五年八月六日の爆音、そして戦後の復興の足音が、混声的に鳴り響いてくるだろう。パワースポットの旅も、アニメ聖地巡礼も、ポケモンGOも同じことだ。人びとはフィジカルな意味で移動しながら、メディア・イメージやデジタルな記号、観念、信仰、思い出、記憶とともに旅をする。旅人は単なる「運ばれる小荷物」ではない。そこには、想像力というソーシャルなものが常に随伴している。

COVID-19の状況下、都内のアンテナショップが賑わった。帰省や旅行を断念した人たちが、その代用として訪れたのだという。ステイケーション(1)、ステイホームタウン、マイクロツーリズムなど生活圏内での観光に注目が集まった。移動や観光への欲望は、遠く離れた異国の地ではなく、私たちの日常空間にまでくまなく行き渡っている。

移動しない旅の可能性も切りひらかれている。国立科学博物館のオンラインビューイング、ANAのVIRTUAL TRIP、Airbnbのオンライン観光体験、ゲストハウスWhy Kumanoのオンライン宿泊など(2)、自宅にいながらにして旅や移動や宿泊をバーチャルに体験できるメニューが次々と充実していく。想像上の旅を、人はやめない。

このようなオンラインツアーは、「真正」な観光だろうか。オンライン宿泊は、「ほんとう」の宿泊と言えるだろうか。答えがノーだとすれば、その根拠は、これらの体験にはフィジカルな移動がともなっていないから、ということになるのだろう。ならば急いでこう反論しよう。フィジカルなものはソーシャルである。観光

(1)「ステイ」と「バケーション」をかけあわせた造語で、遠出をするのではなく近隣地域にとどまりながら休暇を過ごすライフスタイルのこと。

(2) コロナ禍において移動が制限されたため、さまざまな観光施設や文化施設、旅行会社、宿泊施設がオンラインの鑑賞プログラムや体験プログラムを企画した。代表的なものの一つに宿泊予約サイトAirbnbの「オンライン体験」がある。https://www.airbnb.jp/s/experiences

は、身体的／物理的な移動だけで成り立っているわけではない。ローマや広島に行ってイメージが喚起され、想像力がうごめくことも、旅の一部だ。ローカリティの視覚的消費という意味では、オンラインツアーも立派な観光だろう。旅好きの人どうしのコミュニケーションという点では、オンライン宿泊も観光の魅力の一つに違いない。

「フィジカル／ソーシャル」から「フィジカル＝ソーシャル」へ。フィジカルとソーシャルの分断図式には、フィジカルなものはソーシャルであるという公式を対置しておこう。ソーシャルをフィジカルで塗りつぶそうとする認識の地平からは「距離」をとろう。もちろん、「ソーシャル」な距離を！

参考文献

大西一成（2020）「ソーシャル・ディスタンシングとディスタンス違うの？」『朝日新聞』二〇二〇年六月十三日、朝刊、東京

富田英典（2009）『インティメイト・ストレンジャー――「匿名性」と「親密性」をめぐる文化社会学的研究』関西大学出版部

見田宗介・栗原彬・田中義久編（1994）『縮刷版 社会学辞典』弘文堂

Anderson, B.（1991[1983]）*Imagined Communities: Reflections on the Origins and Spread of Nationalism*, Verso［アンダーソン（1997）『増補 想像の共同体――ナショナリズムの起源と流行』白石さや・白石隆訳、ＮＴＴ出版］

Boorstin, D.（1962）*The Image: or, What Happened to the American Dream*, Atheneum［ブーアスティン（1964）『幻影の時代――マスコミが製造する事実』星野郁美・後藤和彦訳、東京創元社］
Cohen, E.（1972）"Toward a Sociology of International Tourism," *Social Research*, 39(1), 164-182
Edensor, T.（1998）*Tourists at the Taj*, Routledge
Elliott, A. & J. Urry（2010）*Mobile Lives*, Routledge［エリオット&アーリ（2016）『モバイル・ライブズ――「移動」が社会を変える』遠藤英樹監訳、ミネルヴァ書房］
Goffman, E.（1963）*Behavior in Public Places: Notes on the Social Organization of Gatherings*, The Free Press［ゴフマン（1980）『集まりの構造――新しい日常行動論を求めて』丸木恵祐・本名信行訳、誠信書房］
Habermas, J.（1990[1962]）*Strukturwandel der Öffentlichkeit: Untersuchungen zu einer Kategorie der bürgerlichen Gesellschaft*, Suhrkamp［ハーバーマス（1994）『公共性の構造転換――市民社会の一カテゴリーについての探究』細谷貞雄・山田正行訳、未来社］
Hall, E. T.（1966）*The Hidden Dimension*, Doubleday & Company［ホール（1970）『かくれた次元』日高敏隆・佐藤信行訳、みすず書房］
McLuhan, M.（1962）*The Gutenberg Galaxy: The Making of Typographic Man*, University of Toronto Press［マクルーハン（1986）『グーテンベルクの銀河系――活字人間の形成』森常治訳、みすず書房］
Urry, J.（2007）*Mobilities*, Polity Press［アーリ（2015）『モビリティーズ――移動の社会学』吉原直樹・伊藤嘉高訳、作品社］

5章　選択にいたる過程
――あるいは〈ともにある観光者〉への想像力について

石野隆美

1　観光者への道徳的非難の問題から考える

新型コロナウイルス感染症の拡大にともない、国境や県境を越えて移動する人びと、そして観光者に対する非難のまなざしが顕在化している。(1) 観光者は「外出自粛」や「ステイホーム」の言説をすり抜けて他所からウイルスを持ち込む「リスク」とみなされ、その「身勝手さ」や「不謹慎さ」が糾弾されている。また、仮に当人の感染が事後的に明らかになった場合には、彼らはウイルスをまき散らす加害者へと容易に転嫁されうる状況であるといえる。自粛が要請されているにもかかわらず観光に行くことを選択したのはほかでもない「あなた」であり、ゆえにそれが招いた結果はあなたがしかるべく責任を負うべきである、と。

この自己責任の論理は、それが内包する「個人化」「公共化」の機制によって自己の正当性を装う（石野 2021: 107–112）。「個人化」は先述のとおり、不健康の原因

(1)　本章は、石野（2021）の内容をもとにしている。そこでは、観光者に対する道徳的非難の問題が正当化されるロジックを「健康主義」とネオリベラリズムの問題のなかで整理したうえで、観光者を「選択の主体」とみなす近代個人主義的発想の回帰を問題化した。本章はその内容に対し連続性を持つ。必要に応じて議論の繰り返しがあるが、本章は観光者および「選択」をめぐるオルタナティヴな想像力を模索することを主題としている。

をその当事者個人の生活習慣や行為によって説明しようとする、きわめて新自由主義的なロジックである。これは生活習慣病患者への非難や、生活保護受給者に対する差別的・排除的な言説にも見いだされる。そして貧困やドメスティック・バイオレンス、性暴力において社会経済的な構造的課題を等閑視し、そうした問題の「被害者」に一定の原因を見いだし責任転嫁する「犠牲者非難」(victim blaming) の問題と通底しているものである (Ryan 1971)。

他方、それらの「犠牲者非難」と感染症の文脈における感染者へのバッシングとでは、非難者と非難される者との間の関係において異なる点がある。たとえば生活習慣病の場合では、非難する者が問題化するのはあくまで慢性疾患を引き起こした患者個人とその生活習慣であり、非難する者と非難される者との間に因果的なつながりはない。つまるところ、非難する者/される者ともに、相手に対して「私には関係ない」と無関心を決め込むことも可能なのである。この意味で、ネオリベラルな道徳的非難は同じく個人主義の論理にもとづいて反駁可能な側面がある。他方で、ヒトからヒトへと広がる感染症の場合では、感染拡大は集団全体に危険をもたらす。ゆえにそれは非難する側にとって「放っておけない」公共化された問題となり、感染者を責めることが自己防衛や社会防衛として正当化されるのである(2)。

「道徳的非難」は、感染の原因として考えられる特定の行為をなすにいたった個人の背景や経緯を脇に置いて、諸問題の責任を個人の判断と選択に帰さんとするも

(2) 「健康主義」や、ネオリベラルな市場原理のなかで「健康」をめぐるパラダイムがいかに変化してきたかについては、前掲の拙論 (石野 2021) を参照。

のである。だが、物事をすべて自力で判断し正しく選択することができる主体など、本当に存在するのだろうか。人びとの選択と責任とを単線的に結びつけるこの思考法は、感染症対策上の切実な課題としても、また観光者の主体像をめぐる人文科学的な観光研究上の問題としても、相対化が図られる必要があるといわねばならない。本章では、「選択の主体」としての観光者像を揺さぶること、言い換えれば、選ぶこととその結果とを結びつけてきた「主体性」あるいは「意志」のありかを相対化した先に見いだされる、オルタナティヴな観光者像の想像を試みる。

2　責任について追及すること

まずは、自己責任論に対して「責任」概念の相対化からアプローチしている公衆衛生（public health）倫理の議論を参照しよう。ファブリツィオ・トゥロルド（Turoldo 2009）は、公衆衛生倫理における「責任」のあり方を、「後ろ向きの責任」（consequent responsibility）と「前向きの責任」（antecedent/prospective responsibility）との二つに区別している(3)。「後ろ向きの責任」とはある行為の結果に対して行為者が負うものであり、トゥロルドは刑法や民法における責任概念として説明している。すなわち、特定の行為によって生じた損害に対して、その行為者がしかるべく補償をなし、罰を受ける義務のことである。「帰責性」（imputability）として特徴づけられるこの「後ろ向きの責任」は、特定の出来事と結果（たとえばＣＯＶＩＤ－19への感

（3）「前向きの責任」と「後ろ向きの責任」は大北（2021）の言葉を用いた。これら二つの責任概念は、近年の公衆衛生倫理やヘルス・プロモーションをめぐる議論のなかで盛んに検討されている問題である。論者・訳者ごとに用語上の差異がみられるものの、個人への自己責任論の追及を問題視し、別様の責任概念を模索しようとする点で共通する。一例として、サラ・ヴァンスティーンキストらは、生活習慣病患者に対する非難の多くが「後ろ向き」（backward-looking）の性格をもつ責任概念に依拠していることを指摘する。そうした自己責任論は、過去の不健康に対する後悔を当事者が乗り越え、新たなライフスタイルを開始する第一歩を阻害してしまうことにつながると述べている（Vansteenkiste et. al. 2014）。

染発覚）について過去に遡って当事者の行為を参照し、そこに原因（観光に出かけた／会食をしたなど）を帰責する、今日の感染者に対する道徳的バッシングの論理に重なっている。

対して「前向きの責任」は、いまだ生じていない未来の出来事に対して応答する責任であり、これは考えうるリスクを回避するために予防的措置を講じるリスク・マネジメントに関わるものだ。そして、公衆衛生の問題において重要なのは他者への非難をともなう「後ろ向きの責任」ではなく、「前向きの責任」であるとトゥロルドは述べる（Turoldo 2009）。なぜなら「後ろ向きの責任」にもとづく非難が問題化すると、非難を未然に回避するために周囲に対して自らの行動を隠匿しようとするインセンティヴが高まり、公衆衛生を阻害しかねないからである（c.f. 浜田 2020）。加えて、感染症のように緊急性の高い公衆衛生上の問題においては、リアルタイムに状況を評価し、講じるべき対策の内容や強度、期間、範囲といった膨大な判断を迅速かつきめ細やかに進める必要がある。ゆえに過去の施策を評価する責任と同じかそれ以上に、現状と想定されうる未来のリスクに対していかに共同的に対処していくかという「応答《レスポンス》＝責任」が問われるのである。

政府や自治体によって人口レベルで採られる公衆衛生政策のみならず、より個人レベルのリスク・マネジメントにおいても「前向きの責任」が重要となるとされる。玉手慎太郎は、日本において二〇二〇年二月以降に発出されたイベント自粛要請を検討し、そこでの自粛が「後ろ向きの責任」に根差していたこと、すなわち責任追及に対して人びとが「萎縮」することによって成立していた側面があることを批判的に論じている（玉手 2020: 114）。感染予防において個人がどれだけ最善の努力を尽くしたとしても一定の感染リスクから逃れることができないならば、個々人はそれぞれの状況に応じてその都度「望ましい」判断を行い、適切に行動してゆく「前向きの責任」を引き受けるべきだと玉手はいう。

だが、人びとが「前向きの責任」に依拠して「責任ある行動」を判断していくことは、いかにして可能であるのか。「責任ある行動」には、正しい行為とは何かをめぐる選択の重圧が依然としてのしかかっている可能性はないのだろうか。玉手は、感染症に関する専門知や政策的判断に関する情報が市民へと適切かつ信頼のおけるかたちで伝達される必要があること、そして、人びと自身がそれらの情報を収集し自らの行為選択を適切に判断する「リテラシー」を高めることが必要だと述べている（玉手 2020: 114–115）。たしかに他者の行動選択に対する道徳的非難の構えを捨て、自身が置かれている状況を正しく判断すること（あるいはその達成のために周囲と相談しあうこと）を求める玉手の議論には首肯できるところがある。一方で、「望ましい行為」や「正しい判断」への希求が維持されている限り、リスク・マネジメントをめぐる選択と結果の重圧が内省的な螺旋となって、責任が「後ろ向き」の追及へと転化しうるその容易さもまた想像されてならない。

「前向き」「後ろ向き」にかかわらず、公衆衛生倫理における責任概念がリスク・マネジメントの問題としてのみ議論されてきたことが、この袋小路の一因といえよう[4]。この偏向について大北全俊は、責任概念をより別様なものへと開いていくことを提案する（大北 2021: 100-104）。われわれはみな「被傷性」（バトラー 2007: 4-5）を「ともに」抱える脆弱な存在であり、不確実さに対する不安や無知を人びとと「共有」している。だとすれば責任とは個人が単独に引き受けるべきものではなく、ともに生きる人びと同士が委ねあい、補いあいながらコントロール不能な事態を調整していくような、より共同的な概念として存在しうるのではないか。また、大北は「細やかで多様な責任の束」という視点を導入し、特定の行為と特定の結果を一対一で結びつけるような責任概念を解きほぐそうとする。自粛や営業時間短縮がもたらす従業員の生活への影響を案ずる飲食店経営者は、感染拡大を食い止める責任とは比較不可能なかたちで、従業員や仕入れ先に対して別様の責任を負っているかもしれない。この視点転換において、道徳的非難はそれが自ら装う絶対的な正当性を失うのである。

以上の議論は、行為選択と結果との直結関係を「責任」概念の再検討によって解きほぐそうとするものである。だが、なぜこれほどまでに、「ひとつの選択」と「ひとつの責任」とが容易《たやす》く結びつけられてきたのだろうか。「細やかで多様な責任の束」を個人の行為とその結果という単数形の対応関係へと集約してきたものは何

（4） 医療・公衆衛生倫理におけるリスク・マネジメントへの偏りには、二十一世紀におけるネオリベラリズムの潮流が深く根を下ろしている（Ewald 2002: 273-286）。市場原理の浸透とともに医療コストの削減が叫ばれるなかで、責任が予防や保険の問題と重ねられ、疑いを発見し未然に防ぐこと、あるいは結果に先立って個人の行為を制限したり非難したりするようなリスク・マネジメントが重視されるようになったのである。

だろうか。以降では、この問題を「責任」ではなく、「選択」と近代的個人(individual)をめぐる議論から問い直してみたい。

3　選択のロジックとケアのロジック

文化人類学者アネマリー・モルは、オランダの大学病院におけるフィールドワークを通じて、糖尿病治療に関わる医師と看護師の医療実践について、そして糖尿病とともにある患者の生の問題についての緻密な民族誌を描いている（モル 2020）。モルが着目するのは、糖尿病とともに生きる人びとの身体と生のあり方、そして医療従事者と糖尿病患者との間に見いだされるある種の協働的な関係である。糖尿病患者は、自身の身体の代謝と血糖値量をその皮膚の内側で自動的にコントロールすることができないがゆえに、身体をその「外側」へと――つまり生活環境や生活リズムの物理的な改編へ、インスリン注射器や血糖値測定器などの医療機器の使用へ、そして医師や家族といった周囲の人間関係へと――「同調」させ、協働的に事態に対処していく必要がある（モル 2020: 84-95）。

モルは、そうした協働的な関係性のなかから「ケアのロジック」(logic of care) と彼女が呼ぶ論理を見いだし、それを「選択のロジック」(logic of choice) と対比的に考察している。「選択のロジック」は、患者のことを消費者として位置づける。ここにおいて医療はショーケースに並べられた商品として扱われる。医師は顧客に対して正確で適切な選択肢を提供する存在であるが、最終的にどの医療措置や薬剤を購入するかを決めるのはあくまで患者＝消費者の側である。当然、その結果としてなんらかの不都合や不健康に見舞われたとしても、責任はその選択肢を自ら選んだ患者個人が引き受けるべきものとなる。こうして選択肢だけを提示し、以降のプロセスを患者に任せっきりにすることは、「ネグレクト」（ほったらかしにすること）と同義であるとモルはいう（モル 2020: 22-23）。

対して「ケアのロジック」は、「手直し《ドクタリング》」と調整を絶えず繰り返していく、試行錯誤のプロセスそのものである。ケアとは「複数の手が一つの結果のために、（長い時間をかけて）ともに働くこと」（モル 2020: 58）であり、医師と患者はともに考え、当人の身体の状況に応じて手探りに対応を模索していく。このプロセスにおいて患者は主体的に物事を決定していく存在でもなければ、医師のいうことに従う受動的な立場に置かれてもいない。また、ケアの実践において「善い／悪い」の価値はあらかじめ定まったものとしては存在しない。もちろん、ケアの実践には失敗がしばしば生じる。昨日うまくいった処方が今日はうまくいかないかもしれない。だがケアの実践における「結果」はつねに次なる「手直し」にむけて開かれているのである。

つまり「ケアのロジック」において、「ひとつの結果」を「ひとつの選択」に帰責することはできないか、あるいは重視されない。当然だが、糖尿病患者にも物事を選択しなければならない状況はいくつも生じる。だがその選択はつねに、自身の身体と他者や周囲の環境との調整のなかで行われるものであり、そうした協働作業を通じて講じられた処方は、医師／患者いずれの意志にも還元することができないものである。だからこそモルは、「選択」そのもの（あるいはその有無や結果）を議論するのではなく、人びとの「選択にいたる過程」をこそ微視的にとらえる必要があると述べるのである。(5) 「選択の結果」からは責任が見えてくるが、「選択にいたる過程」から見いだされるのは「ケア」（配慮）の可能性なのである。

4 「選択」から「選択にいたる過程」へ、〈個〉から〈ともにある〉へ

「ケアのロジック」との対置によって、「選択のロジック」が自律的・主体的に物事を選択し決定してゆく近代個人主義的人間像を前提としているということが理解されてくる。「選択できること」がしばしば近代的個人の「主体性のあかし」とみなされるのは、個人が合理的な判断にもとづいて行為を「選択」し、その結果と責任を自らに引き受けることができる存在だと考えられているためなのである。

このとき、合理的な判断と同じかそれ以上に重視されるのが、「意志」の所在である。「意志」は、主体とその行為とを分かちがたく結びつける作用をもつとジョルジョ・アガンベンは述べる。彼によれば、「意志は、西洋文化においては、諸々の行為や所有している技術をある主体に所属させるのを可能にしている装置であ

(5) むろんモルが述べているように、患者を受動的な存在ではなく物事を「選ぶことができる」主体として尊重することは、医療においてひとつの到達されるべき目標であったことは事実である（モル 2020: 36-40）。一方的に医師に診察され治療される存在としての患者から、種々の権利を有する「選択の主体」としての患者へと視点を移行させる試みは、インフォームド・コンセントの整備などに結実していることを忘れてはならない。

る」（アガンベン 2016: 113）。これを踏まえると、「責任」がその行為をなした主体へとダイレクトに追及される理由がみえてくる。すなわち「責任」は、行為の基盤として「意志」を役割づけ、その「意志」を特定の「結果」を引き起こした動かしがたい原因として配置する手続きによって準備されるのである。

「選択のロジック」において、「選択」という行為は「意志」と固く結びついた、主体的な営みとみなされる。「あなたの意志で決めたことでしょう(6)」というよく聞かれる自己責任論の言葉は、「選択にいたる過程」にありえた迷いや悩み、そして対話的で紆余曲折したプロセスを忘却させ、意志－選択－結果の因果関係をもっともらしく構築するのである。

以上を踏まえれば、観光者に対して「なぜ自粛しなかったのか」「軽率だ」といった声を投げかける道徳的非難(7)の問題を相対化するには、「個人」を前提とした「選択の主体」としての観光者とは別様の観光者像を再想像することが求められるだろう。それは、主体性に特徴づけられた観光者の「選択」という行為を、主体的とは言い切れない側面とともに描きなおす試みともいえる。そのための思索として、「選択」ではなく「選択にいたる過程」を描く重要性と、そして観光者を〈個〉としてではなく、なんらかの状況や他者、周囲とのインタラクション〈とともにある(8)〉存在として捉えなおすことの重要性を、最後に検討したい。

アネマリー・モルは、「糖尿病者」（diabetics）から「糖尿病のある人びと」もし

（6）この言葉は時として人を勇気づけるかもしれないが、それはこの言葉がひとえに「責任感」に訴えかけるからである。しかし／それゆえに、この言葉は時として人びとの逃げ場をふさいでしまう。

（7）海外卒業旅行からの帰国後にCOVID－19陽性反応が検出された大学生らが、その感染確認以前に参加していた卒業祝賀会などを通じて複数名の二次感染をもたらした例がある。そこでは海外旅行および祝賀会への参加に対して「軽率だ」「自粛すべきだった」などの批判が生じた（『京都新聞』二〇二〇年四月九日。〈https://www.kyoto-np.co.jp/articles/-/210704 2020.8.26 アクセス〉）。

（8）〈ともに〉ではなく〈とともに〉と敢えて書くのは、「何とともにあるのか」への想像力を喚起する曖昧さをほのめかすためである。

くは「糖尿病とともにある人」(people with diabetes) へと視点を移行させる重要性について語った(モル 2020: 141-144)。「糖尿病」とともに生きている人びとも、私たちと地続きの生を歩む他者である。そして「糖尿病とともにある人」は、決して糖尿病によってその人のすべてが説明されるわけではない。このように、「当事者性を持ちながらもそれによってすべてが覆いつくされているわけではない」(浜田・西・近藤・吉田 2021: 12)[9] 人びとの生の全体性を視野に入れるための視点が、〈ともに〉(with) の視点なのである。

この視点を観光者にあてはめると、〈ともにある観光者〉は、観光者であるが、しかし観光者であるだけの存在ではない。それはつねに別様でありうることへの想像力に開かれている。彼らは外出自粛に限界を感じた人びとであるかもしれないし、その場所にふと仕事帰りに立ち寄っただけかもしれないし、当人にとって重要な理由によってどうしても予定をキャンセルできなかった観光者かもしれない。観光者がこうした「選択にいたる過程」に置かれてきた可能性を看過してしまうことは問題含みであろう。今こそ、人びとが「何とともにあるのか」を想像することが重要である。したがって、観光者が彼ら個人を超えたいかなる事物や状況と〈ともにある〉のかをつねに想像し、そこでなされる「個人の意志に回収しきれない周囲の環境や状況、他者とのインタラクションの過程」(石野 2021: 118) をこそ描き出さなければならない。

(9) 浜田明範・西真如・近藤祉秋・吉田真理子による編著『新型コロナウイルス感染症と人類学――パンデミックとともに考える』において重視されているのは、「ともに」を示すwithというキーワードである。これはモルのほか、人類学者ティム・インゴルドが芸術と文化人類学との関係(インゴルド 2017: 26-30) あるいは人類学者とフィールドの人びととの関係(インゴルド 2020: 6-33) において強調した人類学的「構え」である。

そして観光者の主体性もまた、選択を行う能力そのものではなく、「選択にいたる過程」において模索されなおす必要がある。〈ともにある観光者〉への想像力は、個人の意志と結びつけられた主体性の輪郭を融解させ、他者や周囲の環境とのインタラクションに内在してはじめて発揮されるような所在の曖昧な主体性へと、つまり「ともにある主体性」へとそれを読み替えることを可能にするものだ。そして「選択」という行為もまた、「主体性のあかし」となる孤独で自律的な営みではなく、周囲との調整のなかで迷ったりせめぎあったりしながら協働的に実践されうる、受動性を内包した開かれた営みとして立ち現れてくる可能性があるだろう。

参考文献

アガンベン、ジョルジョ（2016）『身体の使用――脱構成的可能態の理論のために』上村忠男訳、みすず書房

石野隆美（2021）「道徳的非難を配慮へと読み替える――CIVID-19とともにある観光者の選択をめぐって」『立命館大学人文科学研究所紀要』125: 103-123

インゴルド、ティム（2017）『メイキング――人類学・考古学・芸術・建築』金子遊・水野友美子・小林耕二訳、左右社

――（2020）『人類学とは何か』奥野克己・宮崎幸子訳、亜紀書房

大北全俊（2021）「新型コロナウイルス感染症――行動変容というリスク・マネジメントと責任」、浜田明範・西真如・近藤祉秋・吉田真理子編『新型コロナウイルス感染症と人類学――パンデミックとともに考える』水声社、八五―一〇九頁

玉手慎太郎（2020）「感染予防とイベント自粛の倫理学」『現代思想』48(7): 109-116

バトラー、ジュディス（2007）『生のあやうさ――哀悼と暴力の政治学』本橋哲也訳、以文社

浜田明範（2020）「新型コロナ「感染者を道徳的に責める」ことが、危機を長期化させる理由――必要とされる「ペイシャンティズム」」（二〇二〇年四月七日）、webサイト『現代ビジネス』（https://gendai.ismedia.jp/articles/-/71660　2021.5.29アクセス）

浜田明範・西真如・近藤祉秋・吉田真理子（2021）「はじめに」、浜田明範・西真如・近藤祉秋・吉田真理子編『新型コロナウイルス感染症と人類学――パンデミックとともに考える』水声社、七―一二頁

モル、アネマリー（2020）『ケアのロジック――選択は患者のためになるか』田口陽子・浜田明範訳、水声社

Ewald, François（2002）"The Return of Descartes's Malicious Demon: An Outline of a Philosophy of Precaution," Tom Baker & Jonathan Simon（eds.）, *Embracing Risk: The Changing Culture of Insurance and Responsibility*, pp. 273-301, Chicago: The University of Chicago Press

Ryan, William（1971）*Blaming the victim*, New York: Pantheon Books

Turoldo, Fabrizio（2009）"Responsibility as an Ethical Framework for Public Health Interventions," *American Journal of Public Health*, 99(7):1197-1202（https://ajph.aphapublications.org/doi/epub/10.2105/AJPH.2007.127514　2021.5.27アクセス）

Vansteenkiste, Sarah & Kurt Devooght & Erik Achokkaert（2014）"Beyond Individual Responsibility for Lifestyle: Granting a Fresh and Fair Start to the Regretful," *Public Health Ethics*, 7(1): 67-77

6章　観光研究の存在論的転回
――非‐人間的存在（新型コロナウイルス）と観光

橋本和也

新型コロナウイルスの世界的蔓延によって、観光のあり方と観光研究は大きな変容が求められている。それは、コロナウイルスのみならず、ときに災いを引き起こす自然（海・山・川）や霊的存在などの「地のもの」（非‐人間的存在）がもつ視点から世界を見直す存在論的思考への転回を求める。またそれは、地域の「民俗的世界」に〈住まう〉あらゆる存在が主体となり、相互に対話・交渉をするなかで立ち現れてくる「地域文化資源」に、地域で発見・創造したストーリーを付与し、発信する観光となる新たな「地域文化観光」の考えを促すものとなる。

本章では「普通の生活者・観光者」の生活の立場から、今回のコロナ禍と観光について、「地のもの」の民俗的世界観を基盤に据えた存在論的考察を試みる。二〇二〇年四月七日からの緊急事態宣言と外出自粛要請で明らかになった点は、「普通の生活者・観光者」にとって直接対面による「おしゃべり・雑談」、そして忌避すべき対象とされた「三密」は、決して「不要不急」のものではなく、普通の生活を送る生活者・観光者にとっての「生活必需品」であったということであった。また、われわれの「民俗的世界」が、荒ぶる神（災害）、マレビト神（幸い）、地のもの（自然、動物）、人工物などの非-人間も人間（客）もすべて、「対峙」すべき存在としてしっかりと見据えて観察し、「儀礼」をもって迎え、そして送り出す世界であったことを思い起こさせた。存在論的視点は、すべてのモノとの「対応」「交渉」を可能にする「民俗的」世界観・観光観を拓くものとなる。

1 「普通の生活者・観光者」と民俗的・存在論的世界観

「緊急事態宣言」（二〇二〇年四月七日）下での「外出自粛・休業要請」は、「日本モデル」といわれ海外からは奇異な目で見られた。為政者を批判しながらも、外出を自粛し、高い衛生環境と基礎的生活習慣を基盤に、国民の自発的な努力を引き出すのが「日本モデル」である(1)。このやり方は、生ぬるく見えるが、長期化が避けられないなかで比較的問題が少なく、持続可能なコロナ対策といえるとの見解もあった(2)。しかしながら二〇二一年になると感染者数は一日五千人を越し、本来入院治療すべき患者を自宅待機のまま死亡させる事態にまで悪化した。政府は一月七日に再び「緊急事態宣言」を発令し、コロナ入院を拒否する者には罰則を科すことも検討しはじめた。欧米に比べ日本における患者数・死者数が少ない複数の要因を「ファ

(1) 篠田英朗、『読売新聞』二〇二〇年四月三十日十一面。
(2) 細谷雄一、『読売新聞』二〇二〇年四月三十日十一面。

クターX」というが、それが当初に比べて減弱していく可能性が指摘された[3]。緊急事態に慣れて、これくらいは大丈夫だと違反が日常化しはじめるのもまた「日本モデル」である。

(1) 民俗的世界観

日本における日常衛生習慣が、不浄なる「そと」から清浄なる「うち」をまもるという「民俗的慣習」に依拠していることを、大貫恵美子は『日本人の病気観』で明らかにした。しかしその「そと」は、他人の汚れやばい菌に溢れた「ひとごみ」という社会の「周縁」を指すだけではない。不浄な「そと」のさらにその外側には「完全な外部」が措定されている。その具体的現象形態としては病気を治癒し予防したりする自然の諸要素や、古代のマレビト神などがあげられる。それらのもつ創造的要素を内部領域に導入するための文化的方法として「儀礼」(大貫 1985: 68) がおこなわれるのである。

コロナ禍では、生存と社会秩序維持のために「そと」を拒否され「うち」にいることを強制されたが、清浄で安全とされる窮屈な「うち」からの「開放」として「そと」は希求された。一方、東日本大震災などでは「うち」(自宅) という安全で清浄な場所を喪失し、「そと」(避難所) で人とのつながりによって生存を保つことを強いられた。「そと」にとって「うち」は、そして「うち」にとっての「そと」

(3) 山中伸弥、『読売新聞』二〇二一年一月十七日一―二面。

は希求され憧れの対象となるのである。両者はそれぞれにとって必要不可欠であり、なによりも重要なのは「そと」と「うち」がともにあることであった。「うち」と「そと」は二項対立的に存在しているのではなく、絶え間ない両者間の「往還」のなかに普通の生活者・観光者にとっての「日常世界」が成立しているのである。それゆえ一方が欠如する状況が訪れると、他方はそれを、全存在をかけて希求するのである。普通の生活者・観光者にとって「そと」への移動（＝観光）は決して不要不急のものではなく、「生活必需品」であることを認識すべきである。

(2) 民俗的世界における「三密」の重要性

新型コロナウイルス感染症対策として「他者」との「身体的距離」を維持して「密接」「密集」「密閉」を回避し、「移動自粛（巣ごもり）」を要請された。その時、普通の生活者・観光者にとっての「三密」のもつ意味があらためて明らかになった。民俗的世界では非－人間的なる存在に対峙し、生存確保のために人は緊密に寄り添わざるを得なかった。村落における相互扶助は、人と人の関係のあるべき姿として考えられてきた。人びとが集まる祭りや寄り合いでの「密集」は村落生活では必要不可欠であり、儀礼後の「なおらい」での「密接」「密集」、ときに「密閉」状態での共食は、人間生活を維持していく上で必要不可欠な要素であった。地域を訪問し地域の人びととの交流を目的とする「地域文化観光」の意義もここにある。

この「三密」は、地域で生活する者の社会関係の「生成と維持・更新・強化」にとって必要不可欠であるがゆえに、緊急事態宣言下においても規制が最も難しい対象であった。少しでも規制が緩むとその隙間をぬって現れ、わき出るのが「三密」であった。

「食事はおしゃべりを控えめに」「対面ではなく、横並びで」という「新しい生活様式」は永続すべきではない。「私たちは食事を分かち合い、その日の苦労を互いにねぎらう長い歴史を重ねてきた。あくまで感染収束までの臨時的な様式である」と前田正治はいう。(4)「三密回避」の名目の下での移動制限は、普通の生活者・観光者にとっての「日常的移動」と「観光的移動」の意味と重要性をかえって明確にした。移動自粛要請によって寸断され疎外されたものが、この生活者・観光者にとって重要かつ必要不可欠な「本音なるもの」や「ひとがら」に触れる機会を提供する「日常的なつながり」であった。前野隆司は、このつながりは「心の生活必需品」であり、このコロナ禍で不幸中の幸いであったのは、インターネットの発達でつながるためのツールに恵まれた状態にあったことだと指摘する。(5)テレワークやオンラインでの会議などの「公式」な接触のみならず、「オンライン帰省」し、離れた両親とネット上で同時に食事をとる「オンラインご飯」を共にすることも可能であった。仲間内での「オンライン飲み会」も頻繁に開催され、これまで培ってきた仲間同士のつながりを「オンライン雑談」で維持する努力も各所で見られた。これは現

(4) 前田正治、『読売新聞』二〇二〇年三月三十日十一面。

(5) 前野隆司、『読売新聞』二〇二〇年六月七日七面。

代の技術を使いながら、普通の生活者にとっての重要なつながりを維持するための「民俗的工夫」であった。

(3)「普通の生活者・観光者」と非‐人間的存在

本章でいう「普通の生活者・観光者」という概念は、当たり前すぎて、これまで問題として浮上してこなかったものである。それについて考える機会が訪れたのは「新型コロナウイルス感染」の第一波が一段落し、第二波への危機感が募るなかで「ポストコロナ時代」を展望する議論がはじまった時であった。「普通の生活者・地域生活者」の用語は、『観光と環境の社会学』(古川・松田 2003) で参照されている「生活環境主義」を実践する人びとを指す。生活環境主義をスローガンに鳥越皓之は、地域社会が生活のなかに埋め込んできたユニークな環境保全の論理と、時には自然に積極的に手を加えるこれまで論理化されなかった生活システム優先の思考と実践を提唱した。本章では上記の「普通の生活者」を参考にしているが、「普通の観光者」はそれから派生した概念である。普通の観光者にとって地域生活者は「そと」の存在であり、観光のまなざしの対象となる。地域生活者にとって普通の観光者もまた「そと」の存在であり、迎える(時に拒否する) 対象となる。ここで重要なのは、生活者は同時に観光者でもあることである。観光者は特別な存在ではなく、「楽しみ」のために「うち」を一時的に離れれば観光者となり、「うち」に戻れば生活者となる。「うち」と「そと」、普通の生活者と観光者は一つのものの両面であり、両者は同時に語られる必要がある。

本章ではさらに、アメリカ大陸先住民を扱ったエドゥアルド・コーンの『森は考える』を参考にしている。われわれを取り囲む非‐人間的存在である新型コロナウイルスをも含む「他のたぐい」の生命形態（雑草、害虫、新種の病原菌、野生動物、科学技術でつくり出された突然変異体）とともに生きるようになることで提起される難問をまえに、いかに人間的なるものがそのかなたにいるものから区別されると同時に連続するのかを分析する適切な道を切り開くことが重大で喫緊の課題となるとコーンはいう（コーン 2016: 22）。その主張を受けて、コロナ禍によって変容を被ったわれわれの「観光観」を反映する観光研究においては、存在論的転回が必要となるのである。

（4） 危機に「対峙」する「民俗的世界観・観光観」

日本における民俗的世界観では、「マレビト」は海の彼方の老いも死もない世界から定期的に訪れる古代日本の神である。その神は村人に幸運をもたらすために巡回しているが、危険をもたらす潜在力もあわせもつ。『古事記』における須佐之男命が、すべての災難と無秩序の原因であるとともに救済をもたらし破壊の後の創造を象徴しているように、「マレビト」も両義性をもつ存在である（大貫 1985: 54–

55)。民俗的世界では、荒ぶる神にたいしては「恐怖」しながらも儀礼をもって迎え、荒御霊《あらみたま》を鎮めてもらい、送り出す。「マレビト」神に対しては「畏怖」しながら定期的に迎え、饗応をして幸運をたまわり、送り出す。そして現代の「観光」においては、観光者を「客人」として迎え、接待をして、よい思い出とともに送り出す。さらに、地域文化観光が目的とする「交流」においては、仲間として迎え、「ともにあること」を楽しむのである。大衆観光の現場で失念しがちなことは、「客」（＝他者）が「恐怖・畏怖」すべき対象であり、迎える側はしっかりと観察しつつ「対峙」しなければならないという心構えである。今日では毎年のように何らかの自然災害（地震・津波・大雨・疫病など）や政治的・社会的・経済的混乱に遭遇しており、危機に「対峙」する姿勢を常に保つことを求められている。

2　アフターコロナ時代の「地域文化観光」

「地域文化観光」とは、地域の人びとが発見し、新たに創造し、場合によっては他地域から借用してきたモノを、熱心に育て上げて「ほんもの」にした「地域文化」を発信する観光である（橋本 2018: v）。本章はこの定義を再考し、あらたに非‐人間的存在をも「地域のもの」に含めた存在論的転回を試みるものである。近年の文化人類学の領域では「自然と人間」の関係について、それぞれの民族的・民俗的思考から西洋的な二項対立的発想を批判的に乗り越える試みがはじまっている。

それは存在論的な「民俗的世界観・観光観」につながる思考である。日本における「そと」からの脅威に対する「民俗的対峙方法」を見てみよう。

(1) 災害と「対峙」する

対峙とは、とくに想像もつかぬような大きな存在に対して、畏れを抱きつつも臆することなく向き合って立ち続けることをさす。二〇一一年の東日本大震災の津波の高さが一〇m以上だったことを受けて、六五カ所で全長約四〇㎞、最大の高さが一四m以上の巨大防潮堤が建設され、海岸線を走る車や近くの建物、そして人間の視界から海が排除された。これは、今日のコロナ禍の状況において他者を恐れて排除し、「ロックダウン」によって隔離・遮断をおこない「非接触」状況をつくり出すという、近代合理主義的・科学的な発想と同じである。それに対し「民俗的対応」とでもいえるのが女川町方式であった。結果的に防潮堤を拒否し、「ハード面の強化だけでは完璧な防災を目指すことに限界がある」と考え、新しいまちづくりの基本理念として「防災」よりも「減災」を掲げた。町民の命を守るために、「避難するための情報を確実に伝え、避難のための道路や場所を確保する」というソフト対策に重点を置いた(6)。リスクを引き受ける民俗的対応を採用したこの地域の人びとのあり方は、魅力的な地域文化の対象となりうる。

これは海も山も「地のもの」で、相互に対話が可能だと考える世界もあるという

(6) ABEMA TIMES.二〇一七年三月八日午前八時四〇分より(2020.6.19アクセス)。

「多自然的」発想（ヴィヴェイロス・デ・カストロ 2016: 41–79）であり、「海との交渉」を可能にする「海にひらかれた世界」を選択したのである。「自然と人間」を対立的に捉える思考からは、津波対策に一〇m以上の堤防設置という発想しか生まれない。自然も、動物も、人工物も、ヒトも、カミも対峙すべき存在としてしっかりと観察し、そして迎える「世界観」からは、すべてのものとの「対応」「交渉」を可能にする存在論的な「民俗的世界観・観光観」が拓けてくるのである。現状のコロナ禍においては、近代科学的・合理的な衛生管理がまず前提となるが、それを踏まえつつ観光者（他者）と「対峙」しつつ、民俗的工夫を施して「そと」の存在を迎え、歓待・交流し、そして送り出すやり方を発見・創造する必要がある。

洪水によって橋が流されてしまう場合には、「流れ橋」や「沈下橋」という民俗的工夫が見られる。京都府久御山町と八幡市を結ぶ木津川に架けられた「上津《こうづ》屋橋《やばし》」は、橋の強度を強めて水の圧力に耐えようとする近代科学的発想ではなく、構造物の一部が流されることによって破壊にいたる圧力を受け流すという柔構造の設計（民俗的発想）がなされている[7]。欄干のない木造の橋で周囲の景観が整っていることもあって時代劇の撮影現場としてもよく使われており、観光者が訪れる。また、四万十川には増水時に沈んでしまう「沈下橋」が架けられているが、これも生活者の民俗的工夫である。「清流」四万十川とこの沈下橋も観光対象となっている。

写真　女川駅　海の見える駅
（seaside-station.com　2021.3.27 アクセス）

（7）ウィキペディア「上津屋橋」(https://ja.wikipedia.org/wiki/上津屋橋　2020.6.19 アクセス)

メディアなどで「よく知られたもの」になれば、女川駅の海の見える「風景」も大衆観光者のまなざしの対象になる可能性がある。しかし、ここでとりあげた川や海は、そこに〈住まう〉生活者が生存を保つために「実用の対象」(アーリ 2015: 153)とし、かつ変化を見逃すまいと毎日観察する対象である。大衆観光者が垣間見るだけの「風景」という語に回収されてはならない。むしろこれは恩恵をもたらしながらも時に災害をもたらす「自然」に畏怖と恐怖を抱きつつ「対峙」する地域生活者の「民俗的対応」の賜物である。そのような対応を継続する民俗的世界が地域の魅力となって地域文化観光者をひきつけるのである。

(2) 「ホスト・アンド・ゲスト」論の存在論的再考

普通の生活者・観光者の「民俗的世界観」においては、「非-人間と人間」そして「ホストとゲスト」の関係は二項対立的ではなく、両者の境界は融解していた。柳田国男の『遠野物語』(柳田 1978)を引き合いに出すまでもなく、昔話・伝説は人間と非-人間とが重なり合って〈住まう〉世界であった。「異人」である山男・山女や雪女との遭遇譚、ザシキワラシやオシラサマの物語などが掲載されている。山中深く分け入れば山の神などと出会い、死者が住む「異界」を垣間見ることもあった。民俗的世界では非-人間や霊的な「他者」を、恩恵をもたらすものであれ害をもたらすものであれ、「ゲスト」として歓待(儀礼)をもって迎え、接遇し、送り出している。その世界観を考慮に入れた自然（非－人間）と「対峙」する「ホスト・アンド・ゲスト」論が必要とされる。すなわち、「ホスト・ゲストの対立融解」から「人間・非－人間の対立融解」という存在論的展望を拓くことが求められているのである。あらゆる差異が融解するのがポストモダンの特徴であるといわれているが、先のアメリカ大陸先住民や日本の民俗的世界観においてはすでに「人間と非－人間」の間の境界融解がみられていた。それはむしろ「神話的」思考の特徴というべきであろう。

自然と文化、自然と人間との対立を措定してきたのが近代である。「精霊は人である」と述べることは、それらは人格であると述べることであり、非－人間に主体という言表行為の位置を占めうる意識的な志向性と行為の力能を賦与することである。主体とは魂を持つものであり、魂を持つものは誰でも視点（パースペクティヴ）を持ちうる（ヴィヴェイロス・デ・カストロ 2016: 53）との考えである。自然災害も新型コロナウイルスも視点を持つ非－人間として捉える観点が必要である。その世界では、新型コロナウイルスはどのような主体として現れるのであろうか。五〇～二〇〇ナノメートル（一〇億分の一メートル）の球状の表面が赤い突起で覆われている姿は映像メディアで拡散しており、それを表象するさまざまな様態が世界を席巻しているのである。

民俗的世界で「客人（まろうど）を迎えること」は、今日の世界で観光者・ゲストを受け入れること以上の意味を持つ。それは、非－人間をも含む「他者」を地域内に迎えることとなる。人間の領域内だけで考えるならば、これまでと同様、「近代観光」の枠組みに留まる。さまざまな脅威にさらされる今日では「地のものEarth Being（山・川・植物・動物）」も、人工物も、ウイルスや自然災害もアクターと捉えるハイブリッドな世界に住まうわれわれの姿を考えねばならない。「自然と人間」を対立的に捉える近代的思考からは、津波対策に一〇m以上の堤防設置という発想しか生まれない。海も山も「地のもの」であり、相互に対話が可能だと考える世界もあるという「多自然的」発想からは、「海との交渉」を可能にする「海にひらかれた世界」を選択する道が拓ける。動物も、自然も、人工物も、ヒトも、カミも迎える世界観は、新型コロナウイルスも含むすべてのものと「対峙」し、「対応」「交渉」を可能にする。

(3)「地域文化観光」の存在論的再定義

「地域文化観光」とは、「地域の人びとが発見・創造（ときに借用）した地域の文化資源を、育て上げ、発信する観光」（橋本 2018）である。これを選択する消費者は現状ではそれほど多くはないが、必要と考える人びとはいる。この観光を創出するには地域での「意味づけ」をおこなう「地域人材」を育成・確保する必要があるが、都市住民のニーズを探りあらたに掘り起こすセンスが求められ、地域だけで育て上げることは難しい。そこで、「そと」にいながらもその地域のファンである人もまた「地域の人びと」であるとの発想が必要となる。そのような人材が地域との交流をとおして、地域の立場に立った「意味づけ」に参加する例も多くあり、その活動のなかで「意味づけ作業」ができる人材を地域で育てることも可能となる。しかしこの定義も活動も、人間中心主義的であったと反省せざるをえない。

現在のコロナ禍での観光の危機的状況を踏まえると、これまで議論してきた「リスクに対峙する」民俗的世界観・観光観に裏打ちされた「地域文化観光」に鍛え直すことが必要となる。「コロナとの共生」とのかけ声だけでは、安易な人間中心主義的な考え方しか見出せない。新たな「地域文化観光」の生成過程には、それに関わる人間と非-人間（海・山・川、動物・植物、ウイルス・災害、人工物）などの「地のもの」すべてが主体として立ち現れる。ポストコロナ時代に「地域文化観光」創出に関わる主体は、海・山・川の視点、動物・植物の視点、そして霊的なものの視点などとともに「新型コロナウイルス」の視点をも「地域のもの」に含んだあり方を見極めねばならない。「地域文化観光」は、「人間と非-人間を含む「地域のもの」すべてが主体となり、相互に対話・交渉をするなかで立ち現れてくる「地域文化資源」に、地域で発見・創造（ときに借用）したストーリーを付与し、発信する観光」と存在論的に再定義される必要がある。

参考文献

アーリ、ジョン（2015）『モビリティーズ――移動の社会学』吉原直樹・伊東嘉隆訳、作品社

ヴィヴェイロス・デ・カストロ、エドゥアルド（2016）「アメリカ大陸先住民のパースペクティヴィズムと多自然主義」近藤宏訳、『現代思想　人類学のゆくえ』臨時増刊号 44(5)：41–79

大貫恵美子（1985）『日本人の病気観――象徴人類学的考察』岩波書店

コーン、エドゥアルド（2016）『森は考える――人間的なるものを超えた人類学』奥野克巳・近藤宏監訳、近藤祉秋・二文字屋脩訳　亜紀書房

橋本和也（2018）『地域文化観光論――新たな観光学への展望』ナカニシヤ出版

古川彰・松田素二（2003）『観光と環境の社会学』新曜社

柳田國男（1978）「遠野物語」『定本　柳田國男集』第四巻、筑摩書房、一―五四頁

7章　リスク社会と観光
――COVID-19危機のなかの観光について考える

須藤　廣

1　本章の論点

COVID-19危機は、グローバルな観光的移動が何をもたらすのか、また観光的移動がリスク社会の諸現象と一体となったとき何が起こるのかを、如実に示している。現代の観光のあり方についてCOVID-19危機をとおして考察すること、それが本章の目的である。

リスク社会とは、U・ベックが提起し（Beck 1992=1998）、N・ルーマン、A・ギデンズ、S・ラッシュなど、主に個人化の進展による現代社会の特徴を解明しようとする社会学者たちが、その再帰性や複雑性を理解するために発展させた理論である（Beck 1992=1998; Luman 1991=2014; Beck & Giddens & Lash 1994=1997）。ルーマンは人間活動に及ぼす負の偶然性（禍）について、人々の選択や決定による「リスク risk」と人間の選択や決定が及ばない外的環境による（宿命的な）「危険

danger」を明確に分けている（Luhmann 1991=2014: 38-45）。この分類に従い、ベックは、リスクとは近代科学の道具的理性が生み出した、科学的合理性では解決不能な合理性の副作用または副産物なのだと述べる（Beck 2002）。また、ギデンズは、近代化がもたらすリスクの根元を伝統社会が持っていた「運命」の放棄、予期せぬ出来事が人間の活動の結果として「再帰的」に意識化され、リスクがリスクを再生産することを指摘する（Giddens 1990=1993）。

　さらに、以上のような「リスク社会論」の理論的枠組みは、これまで人や資本や文化が国境を越えて移動するといった一般的グローバル化論の枠組みでは捉えられていても（Beck 1997, 1997=2005）、「観光」という消費的移動の視点からは十分に捉えられていなかった(1)。二〇二〇年の冬から世界中を巻き込んだ形で拡大しているＣＯＶＩＤ‐19がもたらした社会的危機は、グローバル化を果たした人々が「選択」した消費的移動、それも多くは観光的移動がもたらした禍なのであり、「宿命」としての自然現象がもたらしたものではない。このような意味において観光の現状は、前述したような社会学者たちが提唱した「リスク社会」の様相を十分に持つものである。ＣＯＶＩＤ‐19発生の状況からして、観光はまさにリスク社会の中心に位置している。本章では観光が元来抱えていた——近年の単純な観光礼賛の論調のなかで埋もれていた——観光の「リスク」の本質を、反省的に考察し、それを「リスク社会論」の観点から捉え直し、近代社会が作りあげた観光システムがいかに変

(1)「リスク」という枠組みは使わないが、ジョン・アーリは「リスク社会論」と似た観点から述べている。しかし、「個人化」を原点としているこの三人とは発想、ニュアンスが少し異なる（Urry 2014=2018）。

容を余儀なくされるのか、あるいはいかに変容すべきなのかを問う。

2　観光市場の特殊性と根源的リスク

(1)　観光コミュニケーションの特殊性

観光とリスク社会論との関係へと一足飛びに向かう前に、観光（特に現代観光市場）が持っているコミュニケーションの特殊性について触れておこう。観光者の経験する空間と時間は、観光地住民の経験する空間と時間とは大きく異なり、その意味解釈も当然異なっている。ゲストとホストでは、時間と空間に関する解釈の枠組みに「非対称性」が歴然と存在している。このことは、ゲスト、ホスト双方にとって、観光的コミュニケーションの魅力であるとともに、同時にリスクでもある。ゲストは、観光地の生活文化、自然、人間性、物産、食などについて十分には知らない。加えて、知った情報は、短くて一時間、長くても二、三日かけて、その非日常性を味わい楽しむためのものである。そのことから、観光業者あるいは一部ホスト側の住民も短時間で理解できるメニューを用意する、あるいは観光客というものはそういうものだと、情報をすべて伝えることは諦める。一般の社会システムでも同様だが、観光システムでは特に、複雑性のなかでの情報の選択と排除（縮減）という、コミュニケーションにおける負担軽減の原理が働く（Luhmann 2012=2016）[2]。選択され、縮減される情報にはガイドブック、テレビ番組、ネット情報、ＳＮＳ情報

(2)　観光における情報の縮減については、（須藤・遠藤 2018）を参照のこと。

などが媒介するであろう。ゲスト側は、普通、与えられた情報を精査する余裕がないため、メディアをとおして切り取られる情報のなかから、自らが必要な情報を手に入れるであろう。D・ブーアスティンの「疑似イベント論」は、当時のメディアのあり方に対する見解の制約があり問題点も多いが、情報が一方的であり、かつ「疑似」であるという見方は概ね現在でも通用する（Boorstin 1962=1964）。以上のような点から現代の観光におけるゲストとホストのコミュニケーションの特性を考えると、観光業者、メディアの力も含めて、ゲスト側のまなざしの力がホスト側のまなざし返す力を、大枠では上回っていることが浮き彫りになる。

とはいえ、以上のことが観光の価値を減じているとは言い切れない。観光の価値は、ゲストの期待に応えようとして、ホストが提供する限定された情報（「表舞台」）をゲスト側が（「舞台裏」へと）集合的に食い破ることによって生まれることは、ブーアスティンを批判するD・マキャーネルが、社会学者ゴフマンの二重のリアリティ論を援用しつつ、念入りに掘り下げた観点である（MacCannell 1999=2012）。観光地には選択されたステレオタイプで構成される表舞台の世界だけではなく、演出された（すべての情報ではなく、さまざまな深度で選ばれたものであれ）舞台裏の（共有された）世界が存在する。したがって、単純にゲストとホストの力関係のなかで、ホストが表現する観光的リアリティの一面性を批判するのは早計である。観光地の解釈が一方的でかつ変わりやすい定型の枠組み（記号）であるがゆえに、そこから逸脱する不定形な情報（現象）が生きてくる。マキャーネルの「演出された真正性」の理論は、観光地のリアリティが「表舞台」と「舞台裏」の二重性のなかで成立していることを上手く表現している（MacCannell 1999=2012）。

観光は複雑な演技の世界の上に成立するとはいえ、いやそうであるがゆえになおさら、観光の場をめぐるゲストとホストの間の解釈の非対称性は、ホストの社会的アイデンティティにゆがみ――個人的なもの、社会的なもの双方を含む――を生じさせるリスクを常に抱えている。アイデンティティとは「見る／見られる」の相互的な関係のなかで形成される一定程度持続的な同一性のことでる。E・エリクソンによればアイデンティティが形成されるには、信頼（「基本的信頼感」）という根源的条件が必要であるという（Erikson 1968=1973: 101）。ゲストとホストの場所をめぐる解釈の非対称性はこの信頼を揺るがせる。観光で獲得される集合的アイデンティティは、非対称的な関係をもとに形成されるが故に、根本的に不安定であり、また信頼に乏しいものである。(3)

(3) エリクソンは人間のアイデンティティは元来不安定な要素もあり、それが宗教を成立させているともいう（Erikson 1968=1973: 101）。

(2) 観光市場の外部負性

現代観光における重要な特性はもう一つある。それは、観光市場に特有の外部性である。これまで観光の負の経済外部性に注目した研究は数多くあった（Desmond 1999; 鳥越 2004; 多田 2004; 須藤 2008）。とはいえ、このことが大きく注目されるようになるのは、二〇〇〇年以来の国際訪問客の急増から、二〇一〇年後半においては「オーバーツーリズム」なる言葉が流通しはじめ、世界的に観光の外部不経済が叫ばれるようになってからである。これまで、見えやすい環境、自然破壊の問題は取り上げられることはあっても、観光地住民の生活そのものや生活文化、紐帯、アイデンティティなどに関する負のインパクトに関してはほとんど問題にされなかった。[4]「オーバーツーリズム」の問題は、観光地の景観、文化、生活、人間、社会など、すべての領域が観光市場に引き込まれていることを前景化した。このことは、観光市場が人々の生活そのものを巻き込む負の外部性を持つことをあからさまに示した。

特に、「オーバーツーリズム」のなかで問題化されたことは、観光客の存在そのものがリスクであるという点であった。観光地という場所の解釈をめぐる非対称性の先に露見したのは、観光客の一方的な地域解釈、あるいはそのことが引き起こす地域での行動（文化衝突）であった。中井治郎は『パンクする京都』というショッキングな題名で、この「オーバーツーリズム」の問題を取り上げている（中井 2019）。このなかで取り上げられている諸問題は、単に観光客の量的増加によるものであることを超えて、場所の解釈（ここでは特に祇園）をめぐる文化摩擦の問題であった。こういった、ホストとゲストの非対称性が引き起こす問題は、サービス産業の内部に一般的に潜在しているともいえる。ホスト側には、特に「感情労働」

（4） 多くは観光地のライフサイクル理論などのなかでは語られてきたが、日本の観光学のなかで中心的テーマとなることはなかった。二〇一九年の日本観光研究学会の大会においてはじめて観光地住民の生活を阻害する観光が大会のテーマになった。

という精神的抑圧の問題が存在することの指摘は、特に新しいことではない(Hochschild 1983=2000)[5]。これらのことが、なぜ観光においてのみ、負の問題として特に意識されるのか。いうまでもなくそれは、観光地が住民にとっての生活の場だからである。観光市場は住民の生活文化や環境という市場の「外部」に圧倒的に依存している。このことは他のサービス産業から区別される観光の根源的な特徴である。また、観光の経済外部性が客観的には計測し難いことが、問題をより複雑化させる。

二〇一九年十二月から世界を席巻したCOVID‐19による社会的危機は、以上のような複雑性の典型であろう。COVID‐19危機は観光的移動が大きく関係していた。動物を介して自然環境のなかに広まっていた数々のウイルスは、移動の高度化によって観光市場に持ち込まれ、市場を攪乱する要因となる。ウイルスにとっては、世界中で近年爆発的に増えた人々の移動が、自然界の動物からヒトへと感染対象を広げ、増殖を繰り返す導線となる。二〇〇〇年以降、人の移動の激増が、二〇〇二年のSARS、二〇一二年のMERSなど、コロナウイルスによるアウトブレイクをもたらしたが、一部の地域の感染のみに何とか抑えられ、特に島国日本における二次感染の被害はほとんどなかった。しかし、二〇一九年冬から二〇二〇年の春にかけてのCOVID‐19のアウトブレイクは日本ばかりでなく、世界中の国境における検疫を越えていった。COVID‐19(オリジナルおよび諸々の変異

(5) A・R・ホックシールドは「感情労働 emotional labor」という概念で肉体労働、知的労働の他に現代に多く見られる対人サービス労働のなかに含まれる、人間性を消耗する感情の管理といった見えない問題点を指摘した。

株）が特に感染力が強かった点も指摘されているが、国境を越えた人的移動がここまで感染を広めたことはいうまでもない。高度な観光的移動がもたらす結末は、オーバーツーリズムから疫病感染の広がりまで、観光が元来抱えている、外部不経済、観光客と観光地住民の非対称性といった脆弱性をあからさまにして見せた。

3 リスク社会論と現代観光

(1) リスク社会と現代人の根源的不安

観光が抱えている諸リスクを、個人化した社会の「不安」の特徴を雄弁に捉えた「リスク社会論」という観点から捉えてみよう。ここではリスクを近代システムが必然的に有するものであるという観点から、ベックのリスク社会論に限定しよう。「リスク社会論」を最初に提起したベックによれば、「リスク」とは工業社会が発生させたテクノロジーの合理性が近代システムそのものを食い破ってしまう（宿命ではなく、人々の選択によって生まれた）危険のことである。ベックは「リスク社会の概念は、工業社会の途上でこれまで産出されてきた威嚇が限度を超えてしまった、そうしたモダニティの段階を示している」という（Beck 1994=1997: 19）。近代の道具的合理性そのものが、合理性ではコントロール不能なものを生み出してゆく。リスクは近代化（道具的合理性）の「副作用」のことなのである。この「リスク」のなかには、原子力、クローン技術など遺伝子工学、エネルギー資源枯渇、異常気象、サブプライムローンを組み込んだ金融工学などにおける、予見およびコントロール不能性が含まれる。このことはリスクを把握しようとする人間の認知の問題と関係する。

彼は「リスク」を「五感ではとらえることができないだけではなく、われわれの想像力を超えるものであること、科学によって確定できないことにある」と、リスクの集合的認知の問題を強調する（Beck & Giddens & Lash 1994=1997: 19）。「何が危険なのかの定義は、つねに〈認知的〉かつ〈社会的〉に構築されたものである」（Beck & Giddens & Lash 1994=1997: 19）というように、リスクを生み出す物理的現象と、それを認知する社会的意識の枠組みや制度は、乖離すると同時に再帰的にリンクしている。重要な点は、「リスク」を認知、定義し、制度を再構築しようとする社会の再帰的メカニズムの方にある。不確実性が一般化する後期近代のなかで、リスクは不確定な再帰的なモニタリングと運動のなかでリスクの感覚をさらに拡げてゆく。われわれは結果の省察を突きつけられるなかで、「自前モデルの基礎やその限界と直面してゆくことになる」（Beck & Giddens & Lash 1994=1997: 19）。

ベックはリスク社会を、近代の社会学者（ジンメル、デュルケム、ウェーバーなど）のように、伝統社会からの脱埋め込みを問題化するのではなく、工業社会が持っていた階級意識、科学技術、進歩などに対する近代的な信仰の枯渇を問題化する。われわれは初期工業社会の安定から放り出されているのである。したがって、

「今日人びとは、多岐に及ぶ、互いに矛盾する場合もある、地球規模のリスクや個人的リスクとともに生きることを求められているのである」(Beck & Giddens & Lash 1994=1997: 20)。

(2) リスク社会のなかのCOVID-19危機と観光

以上のベックのリスク社会論はCOVID-19危機への状況認知のあり方と一致する。COVID-19ウイルスは、確かに実在するものであるが——アジア人の低感染率の特質を表す「ファクターX」なる言葉が示すように——その姿を確定できない。したがって、それに対する危険性の認識は、科学的知識を動員しつつ、政治的、社会的に構築されるしかない。これまで(二〇二一年八月)の経緯でも分かるように、COVID-19ウイルスへの疫学的対処法は不確実性に満ちており、このウイルスの特性は客観科学をもってしても確実に予見したりコントロールしたりできるものではないことが明らかである。ウイルスに対抗する政策も国によってまちまちであり、リスクに関する解釈は「政治的」に構築される。ベックがいうように、COVID-19危機という「現実は現実の構築をとおしてはじめてつくられる」(Beck 2002=2010: 87)のである。実在(客観)と構築(政治的決定のための共同主観)の不安定な基盤の上にCOVID-19危機は存在する。この危機において、観光客にとって観光地がリスクなのではなく、観光地にとって観光客こそがリスクの根元であることの認識が広がったことが特徴的である。COVID-19危機は観光地の（演技）文化における「非対称性」を問題の所在として露見させた。

リスクのない観光はあり得ない。また「誤解」のない観光地理解などあり得ない。確実な専門家の判断、政治家の判断もあり得ない。ゲストにとって、ホストにとって、共有できるリスクの許容範囲とは何か、ともに配慮が可能な観光とは何か、といった正解のない身近な「政治」の問いがそこにはある。常に「風評被害」にさらされる観光においては特に、リスクの構築主義的側面が前面に立つ。さらに、リスクへの対応にはコストがかかる。またリスクへの対応をめぐって、ゲスト側もホスト側も一枚岩ではなく、そこには格差が生じる。最も必要なのは、専門家の判断や国家の政治的判断だけではなく、どのような観光地であるべきか（観光地を降りるという選択も含む）という地域の「政治」（これをベックは「サブ政治」と呼ぶ）なのではないだろうか。

(3) リスク社会と観光のグローバル化

観光とリスク社会が最も結合する地点は、リスク社会のグローバルな側面にあり、それをベックは「世界リスク社会」と捉える（Beck 2002=2010）。特に観光における「世界リスク」は近年の観光客の急激な増加に起因している。人の移動は疫病の他にもテロ、犯罪、文化破壊などのリスクを伴う。ベックによる「世界リスク社会」という概念は生態系の危機や世界的な金融危機、世界的なテロ・ネットワークなどを指すためのものであったのだが、用語が創られた二〇〇二年以降の疫病の世界的な広がりもこのなかに含まれることはいうまでもない。前述したように二〇〇二年と二〇一二年のコロナウイルスのアウトブレイクは抑えられたが、二〇〇二年から倍増した人の移動によって（ウイルスの感染しやすさにもよるが）、今回のＣＯＶＩＤ－19コロナウイルスは瞬く間に世界へと拡大した(6)。

グローバル化とリスクの拡大はそもそも、一九七〇年代の金本位制の崩壊以降における金融の自由化に乗った形で、国家を越えた資本主義（＝新自由主義）が興隆したことに起因する。特に二〇〇〇年以降、観光は濁流の真ん中に位置していたといっても過言ではない。濁流の前方に位置していたのは金融であり、二〇〇八年には、前年のサブプライム住宅ローン危機をきっかけに、金融工学の予測を超えた世界金融危機へと発展し、その世界的リスクが露見したことは記憶に新しい。これは、国家のコントロールを超えたグローバル社会のリスクという意味では同種のリスクである。

ここで重要なのは、工学的技術そのものの「不確実性」の問題だけではない。より重要なのは、「不確実性」のなかで、人々がリスクを再帰的に定義しようとすること自体の問題である。二〇〇八年に世界に広がった金融危機においても、「不確実性」のなかで「リスク」に対する省察や恐れが暴走し、国境を越えた「リスク」

(6)　中国においては二〇二〇年の春節を挟んだ四〇日間で延べ三〇億人の移動があり、春節時の観光移動のトップは日本だった。

が、さらなる「リスク」を生み出す状況も生まれていた。COVID-19危機も同様のグローバルなリスクである。国境を越えたリスクは一国家による政策では解決できない(7)。また、文明と自然の観点からCOVID-19危機を見た場合、グローバル化と自然環境との関係という点から考えることも重要であろう。グローバル化は人間が積極的に自然に介入する時代「人新世」の結末(破局)を拡大させているといえる(Urry 2014=2018; 斎藤 2020)。COVID-19危機は、自然に介入する人間の経済活動に対する意図せざる(破局への道さえもあり得る)コストと見なすことができる。グローバル化によって広がった感染は、グローバルな協力の下で解決するしかないことはいうまでもない。ベックがいうようにグローバル化は、その負の側面と同時に、新しい市民社会(「サブ政治」)をとおして、「世界規模の運命共同体が生まれる」(Beck 2002=2010: 20)というパラドクスを含んでいる。

(7) COVID-19危機では、それぞれの国家が独自の方法でコントロール(またはコントロール放棄)しようとしているが、ウイルスは容易に国境を越えるため、国境を越えた人の移動を再開すれば、国際協調を欠いた国家のコントロールだけではいずれ感染対策は破綻する。

4 COVID-19危機後の観光におけるローカル回帰の意味

COVID-19危機は、長い目で見た場合――短期的には従来の観光の復活もあるだろうが――観光のあり方に変容をもたらすだろう。COVID-19危機は観光のコストを増加させ、観光における格差を広げることはいうまでもない。その他にここで検討するのは、観光の欲望の「内指向」(implosion)化である。観光とは、「他者なるもの」をまなざし、経験する行為である。「他者なるもの」の探求は当然、より遠くあるものへと向かう。近代の観光の欲望はマスツーリズムもポストマスツーリズムも含めて、地理的な外延へと向かっていった（これを「外指向」（explosion）と呼ぼう）。観光客にとって「他者なるもの」の発見は、多くは地理的な環境の変化――つまりに遠くへ行くこと――による「外指向」に依存するが、観光客の持つ心的「内面」との差異、あるいは差異を発見する観光の「内指向」の度合いにも依存する。近年生まれてきた、近代化遺産観光、町歩き観光、ノスタルジー観光、アートツーリズム、フェスツーリズム、ダークツーリズム、ハロウィンツーリズム、ＬＧＢＴツーリズムなど、新しい参加型観光は、大きな地理的移動を前提にしていない。地理的に大きな移動を求めない観光のあり方は、これらの観光のなかに既にあったのである。観光の欲望は住んでいる場所からできるだけ外へ向かうものという認識は既に打ち破られている。

ＣＯＶＩＤ-19危機で注目された「マイクロツーリズム」とはこのような観光のあり方の進化形と考えることができる。「マイクロツーリズム（ローカルツーリズム）」という名のもとに全国（特に地方）で行われた域内観光のキャンペーンは、ゲストの居住地域から車で三〇分から二時間以内で訪問することができる観光地需要を掘り起こすことを狙った観光の提案である。そもそも二〇一九年の年間観光消費額（約二八兆円）の約七九％（約二二兆円）は国内観光客によるものなのである。したがって、この観光のあり方は、感染を恐れて域外移動を自粛する気運が高まるなか、苦肉の策でもあり、当然の策でもあった。そして、それは集客戦略だけではなく次第に一つの理念へと向かいつつある。

COVID-19危機におけるマイクロツーリズムへの注目（あるいはキャンペーン）は、今まで期待していたインバウンド観光客を一気に失った後の客足回復を目的とした「ご都合主義」のそしりを免れないものではある。一方でそれは、地域住民の主体的参加が条件とはなるが、論理的には現代観光が持つゲストとホストの「まなざし」の権力と非対称性を解消するチャンスともなると考えることができる。マイクロツーリズムは――地域の生活文化や地域との社会的つながりを市場に回収せずに展開するという条件を付ければだが――、グローバルな観光市場と地域文化、社会とのローカルな関係の再編を促す可能性を秘めている。また、マイクロツーリズムの実践には、「定住人口」と「交流人口」の間にあって、観光地に地元感覚で度々訪れ、社会関係を持っていくという「関係人口」の生成の可能性がある。COVID-19危機後の新しい観光の形が、場所の解釈の非対称性と市場外部への一方的依存性といった現代観光のジレンマをどのように解消してゆくのか、その政治的道程と論理的メカニズムを探る必要があろう。

付け加えれば、社会関係をこれまでとは違った形で再ローカル化するためには、時間と距離の短縮は必要条件であっても、十分条件でない。少なくとも（ジェンダーも含めた）社会的距離の短縮（格差の縮小）、低賃金化する観光労働（感情労働）の見直し、格差社会を反映するような旅行商品の見直しなどがあってこそ、観光消費を通じた地域住民の参加、対等な形での「関係人口」化は可能となる。グローバルな観光地においては、差異の表象は明確にあり、差異の間に文化的他者性を挿入しやすい。ローカルな観光地の場合は、この差異には「地域の固有の価値」を掘り起こす、発見するといった操作が加わるため、ゲストの積極的な参与が欠かせない。ここからは、ゲストも「客」としてではなく、一人の参加者として主体的に関わるといった、非対称性を超えた互酬的関係性が、ゲストとホストが配慮し合う「ツーリズム・ジャスティス」（遠藤 2020）が、また移動にともなう自然や文化への負荷の軽減を求める観光のあり方、すなわちN・ワンのいう「リスポンシブル・ツーリズム」（Wang 2000: 224-226）の形が見えてくる。COVID-19危機後の観光には、リスクに配慮で応答する（リスポンシブルな）ゲスト側の実践が否応なく求められるだろう。危機の最中においてほど、地域の観光における地域住民および観光客の合意形成が必要な時はない。

参考文献・サイト

斎藤幸平（2020）『人新世の「資本論」』集英社新書
須藤廣（2008）『観光化する社会――観光社会学の理論と応用』ナカニシヤ出版
須藤廣・遠藤英樹（2018）『観光社会学 2.0』福村出版

多田治（2004）『沖縄イメージの誕生——青い海のカルチュラル・スタディーズ』東洋経済新報社
鳥越皓之（2004）『環境社会学——生活者の立場から考える』東京大学出版会
中井治郎（2019）『パンクする京都——オーバーツーリズムと戦う観光都市』星海社
Beck, U.（1992）*Risk Society: Towards a New Modernity*, Translated by Mark Ritter, London: Sage［ベック（1998）『危険社会——新しい近代への道』東廉・伊藤美登里訳、法政大学出版会］
——（2002）*Das Schweigen der Wolter*, Frankfurt am Mein: SurkampVerlag［ベック（2010）『世界リスク社会論——テロ、戦争、自然破壊』島村賢一訳、築摩書房］
Beck, U. & A. Giddens & S. Lash（1994）*Reflexive Modernization, Cambridge*: Polity Press［ベック（1997）『再帰的近代化——近現代における政治、伝統、美的原理』松尾精文・小幡正敏・叶堂隆三訳、而立書房］
Boorstin, D. J.（1962）*The Image: A Guide to Pseudo-events in America*［ブーアスティン（1964）『幻影《イメジ》の時代——マスコミが製造する事実』星野郁美・後藤和彦訳、東京創元社］
Desmond, J.（1999）*Staging Tourism: Bodies on Display from Waikiki to Sea World*, Chicago: University of Chicago Press
Erikson, E. H.（1968）*Identity: youth and crisis*, New York: Norton［エリクソン（1973）『アイデンティティ——青年と危機』岩瀬庸理訳、金沢文庫］
Giddens, A.（1990）*The Consequences of Modernity*, Cambridge: Polity［ギデンズ（1993）『近代とはいかなる時代か？——モダニティの帰結』松尾精文・小幡正敏訳、而立書房］
Hochschild, A. R.（1983）*The Managed Heart: Commercialization of Human Feeling*,

Berkeley: University of California Press［ホックシールド（2000）『管理される心――感情が商品になるとき』石川准・室伏亜希訳、世界思想社］

Luhmann, N.（1991）*Soziologie des Riskos*, Berlin: Walter de Guyter［ルーマン（2014）『リスクの社会学』小松丈晃訳、新泉社］

――――（2012）*Essays on Self-Reference*, New York: Columbia University Press［ルーマン（2016）『自己言及性について』土方透・大澤善信訳、ちくま学芸文庫］

MacCannell, D.（1999）*The tourist: A new theory of the leisure class*, Berkeley: University of California Press［マキャーネル（2012）『ザ・ツーリスト――高度近代社会の構造分析』安村克己・須藤廣・高橋雄一郎・堀野正人・遠藤英樹・寺岡信悟訳、学文社］

Urry, J. & J. Larsen（2011）*The Tourist Gaze 3.0*, London: Sage［アーリ（2014）『観光のまなざし（増補改訂版）』加太宏邦訳、法政大学出版局］

Urry, J.（2014）*Offshoring*, Cambridge: Polity Press［アーリ（2018）『オフショア化する世界』須藤廣・濱野健監訳、明石書店］

Wang, N.（2000）*Tourism and Modernity: A Sociological Analysis*, Oxford: Pergamon

遠藤英樹（2020.5.13）「コロナ後の世界、観光は「リスクと負荷」にも目を向ける時代に」朝日新聞 GLOBE デジタル　https://globe.asahi.com/article/13364881（2020.9.8 アクセス）

Ⅱ部　アフターコロナの観光に関するフィールド的考察

8章　歓待と非歓待のあわいで揺れる
――与論島にみるCOVID-19時代の観光移動と観光地

神田孝治

1　COVID-19時代の観光地における歓待と非歓待

政府の「GoToトラベル」キャンペーン開始後に迎えた四連休の二日目となった二十四日、鹿児島県最南端の離島・与論島が来島自粛を求める緊急声明を出した。二十二日からの三日間で新たな感染者が二十三人判明し、観光シーズン最盛期に異例の要請。

〔……〕

与論島はエメラルドビーチと美しい自然から「東洋の真珠」と称される人気リゾート地。島民約五〇〇〇人に対し、昨年七月に約六九〇〇人、八月に約七六〇〇人もの観光客が訪れるなど本来であれば一年で最も書き入れ時のはずだった。

二十二日から政府の観光支援策「ＧｏＴｏトラベル」がスタートしたばかり。来島自粛は島内経済にとって大打撃となるが、島民は感染拡大を食い止めようと必死だ。一般社団法人「ヨロン島観光協会」によると、約三十店舗の飲食店が軒並み臨時休業。

〔……〕

与論町の行政関係者は「島民の三割が六十五歳以上なので不安は大きい。町内放送などを通じて来島者に向けて感染拡大防止の協力を呼び掛けていく」と強調。ヨロン島観光協会は「この事態が収束し、再び来島者の皆さまをお迎えできる日が来ることを心より願っております」と呼びかけた。(1)

これは二〇二〇年七月二十五日に発行された新聞記事の一部である。ここで取り上げられている与論島は、奄美群島の南端、沖縄本島から北へ約二三㎞に位置しており、同島のみで与論町を構成している。(2)この与論島は、一九六〇年代中頃から観光地化がはじまり、一九六〇年代末から日本のハワイやグアムであるとの宣伝が旅行業者によってなされるなかで、一九七〇年代には東京からの若者を中心に多くの観光客を集める観光地となった。同島への観光客は、一九七九年の入込客数一五万三八七人をピークに減少し、二〇一二年には五万六八一人となっていたが、その景観の美しさが再発見されるなかで近年では観光客数が再び増加し、二〇一九年段階

(1)『スポーツニッポン』二〇二〇年七月二十五日。

(2) 以下の与論島における観光の歴史についての詳細は、神田(2015)を参照のこと。

で六万九三三二人となっている[3]。こうした観光地として知られる島において、COVID-19（新型コロナウイルス感染症）のために、観光客の「来島自粛」が呼びかけられる事態となったのである。

二〇一九年十二月に確認され世界保健機関によりCOVID-19と命名された感染症は、それを引き起こす重症急性呼吸器症候群コロナウイルス（SARS-CoV-2）が移動するなかで、世界中の多くの人々に広がることになった。この数は、約一年後の二〇二〇年十二月三十一日段階で、感染者八二七〇万人以上（死者一八〇万人以上）にのぼっている[4]。このように急速に拡大したCOVID-19は、死にもつながる感染症であることから、人々に移動のリスクを生じさせ、その制限をもたらすことになった。こうした制限は国境を越える移動はもちろんのこと、国内移動にもおよんでいる。与論島への観光に関係する国内移動の制限としては、二〇二〇年四月七日に東京などの七都府県を対象に緊急事態宣言がなされて外出自粛が要請され、四月十六日にはその対象が全国に拡大されるとともに都道府県をまたいだ不要不急の移動自粛が要請されるようになり、六月十八日まではこの移動制限施策が続いたことがあった。しかしながら一方では、COVID-19がもたらした観光業への負の影響を鑑み、七月二十二日から宿泊代の割引などを行う「GoToトラベル」キャンペーンが実施され、観光移動の促進も図られている。同じ日本政府によって、短期間のうちに移動を制限したり促進したりするという、対照的な政

(3) ヨロン島観光協会提供資料による。以下、観光客数に関する情報は、同協会の提供資料に基づくものである。

(4) https://www3.nhk.or.jp/news/html/20201231/k10012791631000.html (2021.7.11アクセス)。

策が試みられたのである。

このように、ＣＯＶＩＤ－19は、観光移動の促進と制限の間での大きな動きを生じさせたが、個別の観光地に対しては、観光客の歓待についての異なる方向の動きを発生させることになった。冒頭の引用にあるように、観光地である与論島においては、観光シーズン最盛期に多くの観光客を迎える予定であったのにもかかわらず、観光振興施策の「ＧｏＴｏトラベル」開始とまさに同日にＣＯＶＩＤ－19の感染者が発生したため、来島自粛という非歓待へと舵を切る事態になっているが、将来的な観光客の歓待も望まれている。まさに観光客の歓待と非歓待のあわいにおける揺らぎがそこにみられるのである。本章では、ＣＯＶＩＤ－19の影響を受けるなかで観光客の歓待のあり方に大きな動きがみられたこの与論島を事例として、ＣＯＶＩＤ－19時代における観光移動と観光地の関係性について考えてみたい[5]。

2　ＣＯＶＩＤ－19と与論島への観光移動

まず、ＣＯＶＩＤ－19が与論島への観光移動に与えた影響について確認しておきたい。最初の大きな出来事としては、二〇二〇年三月八日開催予定であったヨロンマラソンを、二月十九日にヨロンマラソン実行委員会（事務局：与論町商工観光課）が中止する判断をしたことがあげられる。離島である与論島ではＣＯＶＩＤ－19が広がった場合に医療機関の対応に限りがあることや、ゴール前のハイタッチなど島

（５）以下に論じる与論島における観光とＣＯＶＩＤ－19の関係性については、移動に注目した観点から神田（2021）で詳述しているので、あわせて参照されたい。

民とのふれ合いがその特徴であることから、開催に前向きな一部島民の声もあるものの、「ランナーと島民の健康、安全を第一に考慮した結果」、同マラソン大会を中止したのである。(6)

二〇二〇年四月七日、日本政府により、東京都、埼玉県、千葉県、神奈川県、大阪府、兵庫県、および福岡県の七都府県を対象として緊急事態宣言がなされると、ヨロン島観光協会のウェブサイト上において、同日には観光客に向けてCOVID－19感染防止のためのお願いが掲載され、(7)四月十日になると「島内から島外への移動および島外から島内への移動の自粛」が依頼されている。(8)また四月八日には与論町に「与論町新型コロナウイルス感染症対策本部」が設置されて、四月十日に観光客の島内での外出自粛が要請されるとともに、(9)四月十三日には与論町のウェブサイト上に緊急情報として「与論町への来島につきましては、当面は極力、自粛又は延期していただくようお願い致します」(10)とのメッセージが示された。こうして、観光客の与論島への移動の制限が、自粛のお願いという形で明確になされ、非歓待の姿勢が打ち出されたのである。

その後、四月十六日には鹿児島県も緊急事態宣言の対象地域に含まれ、翌日には都道府県をまたぐものをはじめとする移動自粛のお願いが知事からなされている。また鹿児島県の求めによって、与論島内の観光施設は四月二十五日から五月六日にかけて休業し、飲食店についても休業及び時間短縮営業となっていた。ただし、六

(6)『南海日日新聞』二〇二〇年二月二十日。
(7) http://www.yorontou.info/topics/e000412.html/ (2021.7.11アクセス)。
(8) http://www.yorontou.info/topics/e000413.html/ (2021.7.11アクセス)。
(9)『南海日日新聞』二〇二〇年四月十一日。
(10) http://www.yoron.jp/kinkyu/pub/detail.aspx?c_id=2&id=20&pg=6/ (2021.7.11アクセス)。

月十九日からは全国的に移動自粛が解除されたため、この頃から来島者が徐々に増えていたとされる。[11] 観光客数については、入込客数を前年同月比でみると、ヨロンマラソンを中止した三月は六二・〇%にまで減じ、緊急事態宣言以降の四月は一三・八%、五月は七・八%と大幅に減少していた。しかしながら、緊急事態宣言が全国的に解除された六月には四九・〇%まで回復しており、例年観光客数が増加する七月と八月に期待が寄せられる状態になっていたのである。

ところが、本章冒頭の記事にあるように、七月二十二日に与論島内でＣＯＶＩＤ－19の感染者が生じ、翌日にそれが一二名となったことを受けて、七月二十四日には観光客の来島自粛と島民を含む不要不急の外出自粛を求める与論町長の緊急メッセージが公表され、[12] 島内の飲食店・観光レジャー施設が相次いで臨時休業を決めることになった。その後、七月三十一日段階で五一人の感染者が生じた与論島は、島全体で一つのクラスター（感染者集団）になっていると鹿児島県によって判断されたが、以後の感染状況を受けて、与論町は八月二十三日に来島自粛要請を解除している。こうしたなかで、観光客入込客数の前年同月比は、ＣＯＶＩＤ－19の感染者が出た七月は四五・八%、来島自粛が後半まで続いていた八月は一四・四%、そして来島自粛解除後の九月でも四九・〇%となり、同島への観光客数は前年比で大きく減少してしまったのである。

（11）『南日本新聞』二〇二〇年六月二十七日。

（12）http://www.yoron.jp/kinkyu/pub/detail.aspx?c_id=2&id=32&pg=5/（2021.7.11アクセス）。

3　歓待の条件と観光客が生じさせる不安

前節で記したように、ＣＯＶＩＤ－19の影響で観光移動の制限が行われていたが、同島においては観光客の歓待も追求されていた。例えば、七月二十二日に最初のＣＯＶＩＤ－19感染者が確認された後も、与論町新型コロナウイルス感染症対策本部は、町民に外食を控えるように呼びかける一方で、来島者への食事提供を確保するため飲食店への営業自粛要請などは行わない方針を示している(13)。与論町長が、感染者の増大から七月二十四日に来島自粛を呼びかけた際には「観光関連で生計を立てる住民が多い中で苦渋の決断だった(14)」、八月二十三日に来島自粛要請を解除した際には「観光で成り立っている島でもあり、ずっとこの〔来島自粛を要請した〕ままとはいかない。自身の健康、島民の安心のためにも感染症対策を万全にして来島していただきたい(15)」と述べているように、観光業が重要な与論島においては、観光客の来訪をできる限り求めていたのである。

もちろん、ここで「感染症対策を万全にして来島していただきたい」と与論町長が述べているように、観光客の歓待は無条件になされるものではない。われわれが生きる社会でなされる歓待はさまざまな条件の下で執り行われており(16)、それはサービス産業である観光業においても同様である。この観光に関係する歓待の条件が、ＣＯＶＩＤ－19という感染症への対策という観点から新しいものが創り出されている。例えば四月七日段階では、「体調の優れない方、発熱している方、その他コロ

(13)　『南海日日新聞』二〇二〇年七月二十三日。

(14)　『南日本新聞』二〇二〇年七月二十五日。

(15)　『南海日日新聞』二〇二〇年八月二十四日。

(16)　ジャック・デリダは、歓待について、無条件のものと条件付きのものに関する興味深い考察を行っている（デリダ＆デュフールマンテル 1999）。

ナウィルス〔感染〕の可能性が考えられる症状が出ている方」(〔　〕内筆者)は来島を控えること、品不足のため「マスクや消毒液、医療用品」をあらかじめ準備してくること、「島内での施設をご利用の際は症状の有無にかかわらずマスクの着用・手洗いうがいの励行・消毒液での手指の消毒を出来る範囲」で行うこと、などがヨロン島観光協会から要請されている(17)。なお、こうした要請は状況の変化によってその種類や強さが変化していき、六月の来島自粛要請解除後には「旅行の出発前には検温」、「宿泊滞在期間中は手洗い・うがい及び手指消毒」、そして「公共機関・スーパー・観光施設などでの「マスク着用」」を行うことなどの協力要請がなされている(18)。

しかしながら、観光客がこのような来島にあたっての要請に必ずしも応えるわけではなく、そうした際には住民から非難の声が挙げられることになった。例えば、七月二十四日の新聞記事では、現地の宿泊業関係者による「来島者の中には開放感からかマスクを着けない人も散見される。自分の身と周囲の人を守るために最低限の感染防止策をお願いしたい(19)」との声を取り上げている。さらに、Ｔｗｉｔｔｅｒ上で注目を集めた与論島の飲食店経営者による発信では、「コロナウイルスを持ち込まれると今回のような大変な事になります。だから、来る人にはきちんと感染対策をして欲しい。「田舎だからコロナいないでしょ。マスクいらない！」じゃないんです。そんな人は歓迎できません(20)」と記されている。このように、観光客の危機意識

(17) 前掲注7参照。

(18) http://www.yorontou.info/topics/e000431.html/(2021.7.11アクセス)。

(19) 『南日本新聞』二〇二〇年七月二十四日。

(20) https://twitter.com/sanshin_D_navy/status/1287854004538470401/(2021.7.11アクセス)。

の低さと結びつけられつつ、とりわけその様相が視覚的にわかるマスク非着用の問題が注目されるなかで、観光客の非歓待の意識が一部の住民に生じていたのである。

また、こうした観光客に対する地元住民の不安は、マスクをしない一部の人々に対するものだけではなかったことも認められる。例えば七月二十六日の新聞記事では、「誰が感染しているか分からない中で観光客が流入し、いずれこういった状況が起こると思っていた」、「自分たちの身近なところにも感染が迫ってくるのではないかと不安だ。観光客が増えているので、行政は来島自粛をよりはっきりと打ち出して欲しい」、「来島者が感染を持ち込んだことが残念。遊びに来ることはいつでもできるのだから、来島者には「自分が来島することでどんな結果をもたらすか」を考えて欲しかった」などといった住民の声を紹介している。(21) 目に見えないウイルスの到来と観光客の来島が極めて強く結びつけられ、条件なく非歓待の感情が生じていたのである。

このような不安の大きさの背景としては、先述のヨロンマラソン中止時において指摘された離島医療の問題、そして本章冒頭の引用にある高齢者の多さがあったと考えられる。七月二十四日の来島自粛要請時には、「与論島は医療体制が脆弱な地域であり、高齢化率が高いこと等をご賢察いただき、当分の間、与論島への来島を自粛していただきますようお願いいたします(22)」と、医療体制と高齢化の問題を挙げている。こうしたなかでCOVID-19の患者が発生すると、「大半の飲食店が自

(21)『奄美新聞』二〇二〇年七月二十六日。

(22) 前掲注12参照。

主体業し、外出する住民は激減[23]」していたのである。

なお、ここで興味深いのは、与論島でのCOVID-19の発生に、観光客が関与したことが確認されていたわけではない点である。七月二十二日に最初の感染者として発表された二十代女性の住民は、同月十五日に計一二名の会食に参加しており、そのうち五名は県外者であったことが報じられているが[24]、どこからどのように感染がもたらされたかはその後も明らかになっていない。COVID-19が与論島外からもたらされたのは事実であろうが、それが仕事関係で来訪した人によるものなのか、さらには町民の島外移動が関係していたのかも結果的に不明なのである。こうしたなかで、観光客が多く訪れる島であることから、視覚的にわからないCOVID-19の患者やそれを引き起こすウイルスの移動が、観光客の流入と結びつけて考えられるようになったのである。

4　歓待と非歓待のあわいでの揺らぎ

こうした観光客への不安が生じていた一方で、「複雑な心境だが、これまでに来島してくれた観光客には感謝している[25]」などと、必ずしも観光客に対して否定的ではない矛盾した感情を抱く住民の声も紹介されている。本章冒頭の引用における、「この事態が収束し、再び来島者の皆さまをお迎えできる日が来ることを心より願っております」というヨロン島観光協会からの呼びかけにあるように、観光が重要

(23)『南日本新聞』二〇二〇年八月五日。

(24)『南海日日新聞』二〇二〇年七月二十四日。

(25)『奄美新聞』二〇二〇年七月二十八日。

な産業である同島においては観光客の歓待は希求されるべきものなのであり、このような方向は前節冒頭で紹介した与論町長の発言からも確認することができる。前節におけるマスク着用という条件付きの歓待、そしてそれと無関係になされる観光客への否定的意見も含め、1節で言及したように、COVID-19時代の与論島においては、観光客の歓待と非歓待のあわいにおける揺らぎが生じていたのである。

こうした点で注目されるものの一つに、COVID-19時代における観光と与論献奉《けんぽう》の関係がある。与論献奉とは、親の役割を果たす人が杯に黒糖焼酎を入れ、参加者各人が口上を述べた後でそれを飲むという、同島の伝統とされる回し飲みの儀式である。こうした回し飲みは、島民同士でも行われるが、民宿などの多くの観光施設でも執り行われており、観光客がしばしばそこに参加するものとなっている。この儀式の名称および運用スタイルの誕生に一九七〇年代の観光ブームが深く関わっていることに象徴されるように、与論献奉はまさに同島に特徴的な観光客の歓待儀礼になっているのである（神田 2015）。ただ、こうした与論献奉による回し飲みは、COVID-19への感染を促すと考えられたため、ヨロン島観光協会は四月一日に、「酒宴等での与論献奉などの回し飲みの自粛のお願い」を観光協会員に通知している。[26] 六月二十二日の新聞では、「伝統の与論献奉〝改正〟」と題された記事が掲載され、ある居酒屋で「客が氷の入ったグラスをそれぞれ手にし、順番が来ると盆の上で焼酎を注がれて飲み干すといった新たなスタイル」がとられている例が紹

（26） 前掲注3参照。

介されている。[27] 与論島に特徴的な歓待儀礼のあり方が、COVID－19の影響で新たな条件が付されたものに変化していたのである。

その後、七月二十二日にCOVID－19の感染者が与論町で確認され、七月二十五日には同月十五日の会食時におけるクラスター発生の可能性を鹿児島県が指摘すると、[28] 翌日の記者会見ではその場で回し飲みがあったかどうかが問われている。[29] ただ、こうした疑いの声はSNS上では散見されるものの、確証はなく大きな話題になることはなかった。しかしながら、八月二十三日の来島自粛解除時の与論町新型コロナウイルス感染症対策本部長によるメッセージのなかで、「会食時は各飲食店のマナーを守り、大声での会話やお酒の回し飲みなどは自粛するようお願いいたします」[30]と言及され、従来型の与論献奉の自粛が強く求められるようになっていることが認められる。そして、九月二十六日の鹿児島県による発表では、与論町におけるクラスター発生の要因の一つとして、「会食の場における与論島の伝統的な飲酒方法（まわし飲み）」を挙げている。[31] こうして、COVID－19を生じさせるウイルスがどのように与論島に移動したのかは不明のままである一方で、与論献奉が同ウイルス拡大の原因として特に問題視されるようになったのである。

八月二十三日の来島自粛要請解除以降、「GoToトラベル」キャンペーンの影響もあり、十月には与論島を訪れる観光客の数はかなりの回復を見せていた。[32] このような状況のなかで、十一月三日にCOVID－19が同島で再度発生したのであ

(27) 『南日本新聞』二〇二〇年六月二十二日。
(28) 『南海日日新聞』二〇二〇年七月二十六日。
(29) 『奄美新聞』二〇二〇年七月二十七日。
(30) http://www.yoron.jp/kinkyu/pub/detail.aspx?c_id=2&id=52&pg=3/（2021.7.11アクセス）。
(31) https://www.pref.kagoshima.jp/ae06/kenko-fukushi/kenko-iryo/kansen/kansensho/documents/83811_20200930152259-1.pdf/（2021.7.11アクセス）。
(32) 二〇二〇年十一月五日におけるヨロン島観光協会への聞取りによる。

り、五名の感染者が確認された同日には、「島外からの観光客は増えているが、七月のクラスター発生を受け、住民も事業者も警戒を続けていたはず。さらに消毒などの対策徹底を訴える」と、観光客には消毒などの対策で対応する旨が与論町役場関係者によって言及されていた[33]。観光地である与論島においては、観光客に危険を感じつつも、感染症対策で対応するという方向性が示されたのであり、観光客の来島自粛は実施しない方針となった[34]。一方で、十一月五日に与論島でCOVID－19のクラスターが発生したこととともに、感染者が多い場所として一軒の接待を伴う飲食店の名称が鹿児島県によって公表され[35]、与論町新型コロナウイルス感染症対策本部長から「特に、お酒の回し飲みが原因の一つと考えられますので、厳に慎んでください」ということを記したお知らせがウェブサイト上の緊急情報で示されたように[36]、その原因に回し飲みの飲酒が考えられるようになった。

こうしたなかで、町民に「不要不急の外出を自粛」することを求める一方で観光客の来島自粛が行われず、「感染拡大の原因の一つとして考えられる与論献奉（回し飲み）は、絶対にしないでください」と、与論献奉が明確に名指しされその制限が強く求められるようになった[37]。観光と与論献奉は、島外と島内の区分と連動しつつ切り離されたのである。COVID－19が与論島に入ってきた移動経路が不明であることは最初のクラスター時と同様であるが、観光地としての同島の状況や感染の経緯などが影響するなかで、観光移動への認識や対応が変化しているのである。

（33）『南日本新聞』二〇二〇年十一月四日。

（34）『南海日日新聞』二〇二〇年十一月四日。

（35）『南海日日新聞』二〇二〇年十一月六日。

（36） https://www.yoron.jp/kinkyu/pub/detail.aspx?c_id=2&id=66&pg=11/（2021.7.11 アクセス）。

（37） https://www.yoron.jp/kinkyu/pub/detail.aspx?c_id=2&id=68&pg=10/（2021.7.11 アクセス）。

与論島における二度目のクラスターは、十一月十二日の五七人目の感染者を最後に終息したが、来島自粛はこの感染爆発との関係では要請されることがなかった。しかしながら、二〇二一年一月七日に緊急事態宣言が一都三県を対象区域として発令されると、同宣言の対象となる都県との往来自粛が求められるようになっている。その後も、緊急事態宣言対象地域をはじめとする感染拡大地域からの来島自粛が要請され続けており（二〇二一年七月現在）、一部地域からの観光客に対して非歓待の方向が打ち出されている。こうした動きは、ワクチン接種やＣＯＶＩＤ－19の変異株の動向、そしてそれにともなう日本政府の対応などによって、変わり続けていくことが予想される。ＣＯＶＩＤ－19時代においては、さまざまな主体・要因が関係するなかで、観光地は観光客の歓待と非歓待のあわいで揺れ動くのである。

参考文献

神田孝治（2015）「観光地と歓待——与論島を事例とした考察」『観光学評論』3(1): 3–16

——（2021）「ＣＯＶＩＤ－19時代のツーリズム・モビリティーズと場所——2020年における与論島の状況に注目した一考察」『立命館大学人文科学研究所紀要』125: 49–76

デリダ、ジャック＆アンヌ・デュフールマンテル（1999）『歓待について——パリのゼミナールの記録』廣瀬浩司訳、産業図書

9章　パフォーマンスのインボリュージョン
──ウィズCOVID-19の浅草における和装と写真と食べ歩き

鈴木涼太郎

1　COVID-19の感染拡大と観光パフォーマンスの再編

本章では、COVID-19感染拡大以降の東京・浅草で、和装をして楽しむ観光客たちの観光パフォーマンスの変化について考察する。

COVID-19の感染拡大によって、観光旅行を含め国内外における移動が制限された。それに対し観光産業では、需要の回復策に取り組む一方で、デジタルメディアを利用したオンラインツアーの販売などが模索されている。ただし、感染拡大防止のための入国制限によって国際観光が不可能となったとしても国内観光は可能であり、近場での観光であるマイクロツーリズムという言葉も人口に膾炙した。感染拡大が比較的落ち着いた時期に大都市近郊の温泉観光地が賑わいを取り戻し、郊外のショッピングモールが混雑する状況が報じられることもあった。COVID-19が観光のあり方に大きなインパクトをもたらしたことは間違いないが、他方でこれまで通りの観光が全くできなかったわけではない。そのように考えた時に、アフター＝ウィズCOVID-19の観光を考える作業において、新たに登場した、あるいは普及が期待される観光の形態について検討するだけでなく、COVID-19の感染拡大という状況に観光客がいかに対応していたのかを微視的なレベルで記録し考察する作業もまた、重要であると考えられる。「新しい日常」という名の非日常がもたらされた状況において、観光という従来の「非日常」に、観光客は「新しい日常」をいかに導入したのか、あるいは観光客は「新しい日常」といかに折合いをつけながら観光を楽しんでいたのであろうか。

観光という活動は、観光地という空間を形成する物理的環境のなかで、人々が観光客としてふるまう多種多様なパフォーマンスから形成される（Edensor 2001; アーリ&ラースン 2014）。ただしそのパフォーマンスは、それを可能とするさまざまな非人間のモノの存在と不可分の関係にある。特定の物理的環境やモノの存在が特定のパフォーマンスを観光客に促しもするし、観光客のパフォーマンスによって場所が改変されたり、それに対応する新たなモノが誕生したりすることもある。すなわち観光客のパフォーマンスは、観光客自身はもちろんのこと、まさにウイルスのような非人間の存在も含めた多様なアクターの関係性のなかで生起する再帰的なプロセスである。そこでCOVID-19の感染拡大は、そのような観光パフォーマンスの遂行を大きく変化させることになった。写真を撮ろうにもマスクが邪魔をしてスマートフォンの顔認証もままならない。食べ歩きをしようにもマスクを着用せず歩いてよいものか。そして、ともに旅する仲間内、あるいは他の観光客との距離はいかに確保するべきか。マスクは、日常生活をそれまでにはない「新しい日常」にするとともに、非日常の観光の時間や空間においてもその「新しい日常」を保持することを求め、観光という非日常のあり方を変更するという奇妙な捻れを孕んだふるまいを要求している。そのような環境のなかで、観光客はいかにしてパフォーマンスを再編しつつ、ウィズＣＯＶＩＤ－19の観光地を「変わらぬ非日常」にしていったのであろうか。

以下本章では、筆者が二〇二〇年八月から二〇二一年五月までに継続して行った東京・浅草の路上観察調査、および筆者のゼミ有志の学生が二〇二〇年九月に行った調査をもとに、この問いについて検討していくこととしたい(1)。

2　観光地浅草とＣＯＶＩＤ－19

浅草は、東京を代表する観光地である。浅草が位置する台東区の調査によれば、年間五五〇〇万人を越える台東区の入込観光客数の多くが訪れている（台東区 2019）。中心的な観光エリアは、雷門から浅草寺境内に伸びる仲見世通りの周辺である。観光客は、浅草寺に参拝するのはもちろんのこと、参拝の前後に仲見世通りと交差する伝法院通りや新仲見世通り、あるいは花やしきや六区周辺、飲食店が軒

(1)　筆者は、二〇二〇年八月から二〇二一年五月の間に、浅草寺周辺における観察を中心としたフィールド調査を計一〇回行っているほか、あわせて仲見世商店街の店舗スタッフへの聞取りや台東区観光課への電話インタビューなども行った。ゼミ学生の調査は、二〇二〇年九月に有志学生九名がそれぞれ任意の調査日を設定し行われた。今和次郎『考現学入門』をテキストに用いつつ、調査地点ごとに通過する観光客のマスク着用状況やタイプについて一一〇〇人ほどを対象に記録した。また同様の調査は東京ディズニーランド、鎌倉、川越でも行っており、それらは調査報告書にまとめている（獨協大学鈴木ゼミ 2021）。以下特に引用のない調査データはこの報告書をもとにしている。

を連ねる通称ホッピー通りを散策する。台東区による『浅草地域まちづくり計画』では、浅草寺周辺が「賑わいの中核ゾーン」と位置づけられており、仲見世はいち早く一九九〇年代に電線地中化され、二〇〇〇年代以降も伝法院通りが電線地中化されるなど「テーマパーク化」が計画的に進められている（台東区 2007）。感染拡大以前、浅草を訪れる観光客の中心は、インバウンド（訪日外国人旅行者）と高齢者であった。二〇一〇年の『台東区観光マーケティング調査』[2]によれば、世代別では五十代以上で七割以上、二十代以下は五％未満となっている（台東区 2009）。もちろん修学旅行生も数多く訪れ、その他幅広い世代も来訪しているものの、全体としては比較的年齢層の高い観光客が中心を占めていたと考えられる。

　では、COVID-19の感染拡大によって浅草を訪れる観光客はどのように変化したのだろうか。二〇二〇年の詳細については、台東区も例年の調査を行っておらず把握されていないため、ここでは傍証として浅草観光連盟のFacebookページをもとに感染拡大後の観光地浅草の変遷をみていきたい[3]。

　まず二〇二〇年一月の末より「中国人観光客の団体が姿を消し」（二月一日）、代わりに「欧米の方々が目立つ」ようになった（二月三日）。その後三月にはインバウンド全体が姿を消すとともに、全国に緊急事態宣言が発令された四月には、仲見世も「自粛でガラガラ」（四月十六日）となり、浅草寺も「本堂の中は誰もいなくてびっくり」（四月二十三日）という状況となった。宣言解除後、六月から七月にかけ

（2）同調査では二〇一二年以降世代別の来訪者数を計測しておらず、二〇一〇年が最新のものとなる。

（3）観光関係の事業者を中心とした団体である浅草観光連盟のFacebookページ（https://www.facebook.com/AsakusaTourismFederation）では、自らも周辺で小売店を営む事務局長の投稿によって、ほぼ毎日浅草の様子やイベント情報が写真とともに紹介されている。

ては徐々に回復し、「賑わいはまだまだ先」（六月九日）ではあるものの、「だんだん平穏を取り戻してきたよう」（六月二十五日）にもなる。さらに夏休みには一定の賑わいを取り戻したのち、十月には東京都がＧｏＴｏトラベルキャンペーンの対象となったことにより大幅に人出が増加し、「ＧｏＴｏってすごいですね。仲見世だけでなく花やしき通りにもたくさんの人が」（十月三日）と賑わいが回復する。しかし十一月下旬から十二月にかけて感染が再拡大すると「閑古鳥の雷門脇路地裏」（十二月十五日）、「寂しい街に逆戻り」（十二月十六日）となった。その後も感染拡大状況によって一進一退の状況が続いている。またこのページでは、この間の浅草において店舗の閉鎖や縮小、テナントの入れ替わりが頻繁に行われていたことが報告されている。複数展開する店舗を一つに集約したり、営業日を土日に限定したり、といった対応をする事業者も少なくない。各店舗ではスタッフのマスク着用はもちろんのこと、ビニールシートや消毒液を設置したり、啓発のためのポスターを掲示したり、さらに寺社では密集が形成されやすい賽銭箱付近に距離を保つため床面に立ち位置を示すテープを貼ったり、おみくじなどの接触がある部分にも消毒液を設置するなどの対応を行っている（写真1、写真2）。

感染拡大後の観光地浅草において、姿を消したインバウンド、その数を

写真1　距離を保つためのテープ（浅草寺）

写真2　おみくじ脇の消毒液（浅草寺）

大幅に減らした高齢者の観光客に対して目立つようになったのが比較的若い年齢層、かつ女性の観光客である。筆者らの二〇二〇年九月の調査でも、調査対象となった観光客の世代では約半数が二十代であり、十代、三十代と合わせると約八割となっているのに対し、六十代以上は六%にすぎなかった。これは二〇一〇年の台東区調査と比べても明らかに若者が際立っていることを示している。[4]もちろん、コロナ以前から多くの若者が浅草を訪れていたが、他の世代の減少によって相対的に目立つようになったのだと考えられる。そしてそれらの観光客の多くは、東京がＧｏＴｏトラベルキャンペーン対象地域となった時期を除き、基本的には首都圏近郊から訪れた人びとだったと推測される。筆者が仲見世の商店で行った聞取りでも、複数の店舗スタッフが「言葉遣い」と「おみやげを買わない」ことを理由に、首都圏からの日帰り客であると考えていた。もっとも、これまでの『台東区観光マーケティング調査』でも浅草を訪れる観光客の約七割が首都圏在住であり、四割近くが都内在住者であることが把握されていた。その意味で、彼女／彼らにとって浅草は、移動が制限された状況下において感染対策と両立しながら訪れることのできる観光地であり、京都には行けなくとも近場で楽しめる、いわばマイクロツーリズムの実践であったともいえる。

（4）　このような傾向は京都などほかの観光地でも報告されている。例えば『京都新聞』の次の記事を参照。「京都の観光地「主役交代」目立つ若者　海外客消え、卒業旅行で存在感」(https://news.yahoo.co.jp/articles/231ff86c97fe2bfa7ce30966c36ec780efb7f328　2021.5.30アクセス)。

3　和装の観光客たち

感染拡大後に目立つようになった若年女性の観光客のなかでも、ひときわ目を引くのが、着物や浴衣、いわゆる和装の観光客である（写真3）。観光地で和装する観光客の姿は二〇一〇年代初頭から各地で目立つようになっており、京都や鎌倉、金沢や川越など伝統的な町並みや有名な寺社のある観光地では人気となっている。今や和装は、観光客たちにとって観光地のアトラクションの一つというよりも、それ自体が観光実践の中心をなすものとなっており、行為遂行的に観光という営為を成立させるものでもある（高岡 2021）。いわば、町並みや寺社の一部を切り取った背景に和装姿の自身を撮影する営為は、「囲いのない自分だけのテーマパーク」（鈴木 2019）をつくりだす手段であるともいえる[5]。

浅草についても、二〇一〇年代中ごろから和装が人気になったと推測される[6]。筆者らの調査では、調査対象となった観光客のうち約一〇％が和装をしており、世代別では九割以上が二十代、男女比では約八割が女性であった。浅草観光連盟のＦＢでも、和装姿の観光客はたびたび取り上げられている。感染拡大前の二〇一九年には全投稿中三八回に和装の観光客が登場し、うち八回では直接言及されていた。だが二〇二〇年には、全投稿中四四回に登場するなかで二八回と、直接的に言及される数が大幅に増加している[7]。この数字の変化をみても、和装の観光客が、感染拡大

写真3　和装の観光客

（5）　松本健太郎らは、サンリオピューロランドが位置する多摩センター駅周辺において、拡張的なテーマパーク化が進行しつつあることを指摘しつつ、キャラクターグッズを着用しながら写真撮影する人びとのパフォーマンスを「キャラクターを中心とする「モノ＝イメージ」のネットワークに対して、人々が自らの身体を組み込んでいく」（松本・黒澤 2021: 200）営為として分析している。浅草をはじめとした観光地の和装の観光客についてもそのような視点でとらえることが可能であろう。

後の浅草を象徴する存在であることを示しているといえるだろう。

　和装の観光客の多くは、店舗のウェブサイトやＳＮＳを利用して好みの着物や浴衣を予約する。料金は、着物の種類や小物類のオプションにもよるが、一日あたり約三〇〇〇円から一万円程度である。伝統的な柄だけでなく、比較的派手な色彩のものや、パステルカラーのもの、レースがあしらわれたものまで多様な和装が選択できる。レンタル店舗は浅草駅から仲見世にいたる周辺の雑居ビルに立地し、着物店が副業として営む店舗もあれば、異業種から進出した企業もあり、京都や鎌倉にも店舗を展開している企業も少なくない。

　和装する観光客には二つのタイプがいる。ひとつは、若者、特に女性グループの一般の観光客である。男女のグループやカップルもいるが、圧倒的に多いのが二～四人程度の女性グループである。もうひとつのタイプは、モデルの個人撮影会である（写真4）。これは写真愛好家とモデルの女性が一対一または、複数で撮影をするもので、週末になると大型のカメラ機材片手の中年男性とモデルがペアで撮影する姿を数多く見かける。(8) 撮影会のなかには着物レンタル店が開催し、広報用の写真として利用されている場合もある。

４　コロナがもたらした制限と自由

　和装であっても、そのパフォーマンスは基本的には他の観光客と変わらない。仲

（6）　筆者は二〇一〇年頃より、おみやげをテーマにした研究活動を行うなかでたびたび浅草での観察調査を行っているが、記録写真を確認すると二〇一〇年代中ごろ以降インバウンドを含め和装の観光客が頻繁に登場している。

（7）　なおここでは、一般の観光客の和装のみをカウントし、落語家や演歌歌手などの和装は除外している。

写真4　モデル個人撮影会

見世を散策しながら浅草寺を参拝し、おみくじを引いたりお守りを購入したり、仲見世や伝法院通りの店舗でソフトクリームやいちごあめ、メンチカツや唐揚げなどを買ったりしながら、合間にはたびたび写真を撮影する。ただし、基本的なパフォーマンスは変わらないものの、感染拡大防止のためには、これまでにはなかった対応を迫られることも数多く存在する。寺社や店舗では先述のような感染防止対策が行われているし、当然のことながら観光客たちはマスクの着用が求められる。筆者らの調査では、乳幼児などを除きほぼ一〇〇％の観光客がマスクを着用していた(9)。また友人やカップル、家族同士では比較的近距離で会話することもあるが、混雑時を除き、基本的に他の観光客との距離は意識的にとられていた。興味深いのは、和装していない観光客の九割以上がマスクを外すことがないのに対し、和装の観光客は写真撮影時などに四割近くがマスクを外していたということである。さらに、同一グループでマスクの種類や色を統一していると推測される様子もうかがえた(10)。和装の観光客は、それだけ写真に写る自らの姿を意識してマスクを選択していると考えられるのである。

感染拡大によって最も影響を受けたパフォーマンスは、食べ歩きである。以前から、仲見世の商店では商品の汚損への懸念などから食べ歩きのマナーについて注意喚起が行われていたものの、多くの観光客が周辺で購入した飲食物を食べながら浅草を歩く姿を数多く目にすることができた。しかし感染拡大後は、マスクを必然的に

(8) モデルは、大学生のアルバイトからファッションモデルやアイドルの志望者まで幅広い。一時間一万円程度の料金で、人気のモデルは一日に六時間以上、異なる撮影者と撮影を行う場合もある。

(9) なお観光客がつけるマスクは、不織布が最も多いものの、若年層が多いことを反映して、ウレタンマスクも一定数みられる。

(10) この傾向は浅草以上に東京ディズニーランドにおいて顕著で、おそろコーデに合わせた「おそろマスク」のゲストが多数観察された。

(11) もちろん感染拡大以前にもイート・イン・スペースなどでの「立ち食べ」は存在していたが、「歩き食べ」の選択肢がなくなったことによって一層顕著になったといえる。

外すこととなる飲食は大きく制限される。その結果多くの観光客は、食べ歩きではなく、他の観光客と距離を置きながら「立ち食べ」をするほかなくなった。その場所は、店舗が簡単なイート・イン・スペースを用意している場合もあるが、混雑時には店舗の裏、工事現場や閉鎖した店舗の前、さらには自動販売機の周辺など、特定の店舗の営業の妨げにならない道路の片隅である。また仲見世商店街は、伝法院通りとの交差点を過ぎると浅草寺側は向かって右側にのみに店舗があり、左側は浅草寺幼稚園の敷地とを隔てる柵となっている。混雑状況によっては、この柵の台座部分をベンチ代わりに「座り食べ」をする観光客もみられた。いずれにせよ、「食べ歩き」の困難に対し、観光客はその場の状況に応じて何とか歩かずに食べられるスペースを探し出していたのである(11)(写真5、写真6)。

一方で自由になったのは、写真撮影である。観光客がまばらとなった浅草では、混雑時に比べ周囲を気にせず写真撮影に十分な時間を確保することができる。雷門前は定番の撮影スポットだが、タイミングを計れば自分たちのグループだけで、しかも他の観光客を映り込ませずに写真を撮ることができる。暇を持て余した人力車夫が勧誘のついでに写真を撮影してもくれるし、多くの人でごった返してきた仲見世通りでも、閑散としていればその途中で歩みを止めて写真を撮ることもできる。雷門でも仲見世通りでも、撮影時に荷物を置いて、心行くまで何度でもポーズを取り直して撮影できる。とりわけモデル撮影の愛好家にとって

写真5　イート・イン・スペースからあふれる「立ち食べ」客

写真6　自動販売機前のスペースで「立ち食べ」をする観光客

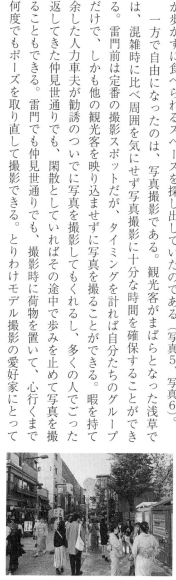

は、このような状況は願ってもいない機会である。感染拡大による人出の減少は、写真を撮るという観光客のパフォーマンスにとっては、むしろ追い風となり、SNSにアップする和装姿の自分たちの写真を撮る楽しみは、むしろ増幅することになったのである（写真7、写真8）。とはいえもちろん、和装姿の観光客たちは、写真撮影時以外はマスクを着用し、少なくとも他のグループとは距離を保っている[12]。

5 「新しい日常」における「変わらぬ非日常」

ウィズCOVID-19の観光地浅草は、制限がある一方で、自由もある。観光客たちは、さまざまな感染防止対策に適応しつつも、それなりに楽しんでいるようにもみえる。和装をして観光パフォーマンスのスイッチを入れつつも、マスクは着用して参拝時には距離を保ち、消毒液を手におみくじを引き、路上の片隅で「立ち食べ」をする。一方で閑散とした仲見世で一瞬だけマスクを外して、思い通りの一枚の写真を撮るために荷物を置いてポーズを取り直す。そうすれば、SNSにアップされる写真は、いつも以上に「映えた」ものになる。工夫次第で「新しい日常」においても「変わらぬ非日常」の観光を楽しむことも可能なのである。

あらためてこのような状況は、人類学において古典ともいえるギアツの「インボリューション」（内旋）の概念を想起させる。ギアツは、インドネ

(12) なおもう一つ自由になったのは自転車の通行である。かつての人込みでは考えられなかったが、閑散とした仲見世では近隣住民の自転車での通行が目立つようになった。そのため二〇二〇年秋ごろからは、食べ歩きとともに自転車乗入れ禁止の張り紙が増加している。

写真7　閑散とした仲見世での写真撮影

シアと日本の経済発展過程を比較しながら、人口増加の圧力を新興工業部門の成長によって吸収した日本に対し、インドネシアは、オランダによる植民地支配下で発展したサトウキビのプランテーションと補完関係にあった労働集約的な伝統農業、とりわけ水田耕作技法の精緻化による食料増産によって吸収したと指摘している（ギアツ 2001）。そして、複雑化した伝統農業で生存を維持しつつも、持続的な経済成長につながらない状況を、「内向きの発展」による「立ち泳ぎ」の生計戦略と特徴づけている（ギアツ 2001）。もちろん、長期のフィールドワークとともに多岐にわたるデータを用いて展開される壮大な比較経済史的研究から導かれた概念を、浅草で和装する観光客に適用するのはいささか厳密さを欠いてはいる。しかしこのインボリュージョンという概念を参照することで明らかになるのは、ウィズ＝アフターＣＯＶＩＤ－19の観光の変化のありようが、必ずしも単線的でもなければ革新的／創造的でもないということである。

　浅草で和装する観光客たちは、ＣＯＶＩＤ－19がもたらした大きな変化のなかで、「地元の魅力を再発見」したり、最新のデジタルメディアをバーチャルツアーのような「新たな観光」に結び付けたりするのではなく、スマートフォンやＳＮＳといったデジタルメディアを駆使しつつも、モノとパフォーマンスの関係の細部をブリコラージュ的に組み替えながら、従来の観光の楽しみを維持し続けようとしていた。環境の変化にイノベーションで対応するのではなく、和装をしてマスクや写

写真８　雷門を背景に写真撮影する観光客

真撮影の細部にこだわりながら、「新しい日常」が求められる状況において「変わらぬ非日常」を求め、さながら「立ち泳ぎ」の観光パフォーマンスを試みる観光客の姿は、まさにインボリュージョンと表現されるものといえよう。

ただし本章は、このような観光客の姿を「より創造的な」観光の変化と比較して、優劣をつけたいわけではない。むしろ、ＣＯＶＩＤ-19によって移動が制限されたなかで観光を実践する人々によるパフォーマンスのインボリューションは、セルトーが言うところの「戦術的な対応」としてとらえられるのではないかと考えている。強調したいのは、浅草で和装しながら写真を撮り、食べ歩きをする観光客による、ある意味でしたたかな対応が示唆するように、「新しい日常」においても「観光客を演じる楽しみ方」をめぐるありきたりのルーティンが、内向きに発展しつつ意外としぶとく保持されうるということである。

参考文献

アーリ、Ｊ＆Ｊ・ラースン（2014）『観光のまなざし〔増補改訂版〕』加太宏邦訳、法政大学出版局
ギアツ、Ｃ（2001）『インボリューション――内に向かう発展』池本幸生訳、ＮＴＴ出版
今和次郎（1989）『考現学入門』ちくま文庫
セルトー、Ｍ（1987）『日常的実践のポイエティーク』山田登世子訳、国文社
鈴木涼太郎（2019）「舞台としての観光地――「小江戸川越」を創造する空間とパフォーマ

ンス」西川克之・岡本亮輔・奈良雅史編『フィールドから読み解く観光文化学』ミネルヴァ書房、六二―八〇頁
台東区文化産業観光部観光課編（2008）『平成二十年度台東区観光統計・マーケティング調査』台東区文化産業観光部観光課
――（2018）『平成三十年度台東区観光統計・マーケティング調査』台東区文化産業観光部観光課
台東区都市づくり部都市計画課（2019）『浅草地域まちづくり計画』台東区都市づくり部都市計画課
高岡文章（2021）「参加型観光とその時代――「みる」から「する」へ」小西卓三・松本健太郎編『メディアとメッセージ――社会の中のコミュニケーション』ナカニシヤ出版、六三―七五頁
獨協大学外国語学部交流文化学科鈴木涼太郎ゼミ（2021）『ウィズ・コロナの観光地における路上観察――浅草・東京ディズニーランド・川越・鎌倉』（私家版）
松本健太郎・黒澤優太（2021）「メディアミックス的なネットワークに組み込まれる人々の身体――サンリオピューロランドにおけるテーマ性／テーマパーク性の流動化」高馬京子・松本健太郎編『〈みる／みられる〉のメディア論』ナカニシヤ出版、一八五―二〇四頁
Edensor, T. (2001) "Performing Tourism, Staging Tourism: (Re) Producing Tourist Space and Practice," *Tourist Studies*, 1(1): 59-81

10章　オーバーツーリズムに冷水を浴びせたCOVID-19
——世界遺産都市ジョージタウンは「節度ある観光地」へと仕切り直すべきだ！

藤巻正己

1　世界遺産都市ジョージタウン

本章では、マラッカ海峡北端に位置するペナン島（マレーシア）の中心市であるジョージタウンにおける大衆観光地化と、新型コロナウィルス感染症（COVID-19）によって寸断されたツーリズム・モビリティ回復後の観光振興のあり方について考察する。

西洋のまなざしによって十八世紀以来「東洋の真珠」と称えられてきたペナンは、北岸のバトゥフェリンギがベトナム戦争時の米軍兵士の保養地として開発されたのを契機に、アジア有数の島嶼リゾートとして知られるようになった。さらに、一七八六年以降、英国による植民地経営の下、自由貿易港市として建設されたジョージタウンは、二〇〇八年七月、マラッカとともにUNESCO世界文化遺産（「マラッカとジョージタウン、マラッカ海峡の歴史的都市群」）に登録されたのを契機

（1）二〇二〇年九月六日の立命館大学文学部・人文科学研究所共催によるシンポジウム「マレーシア、観光、文化」での筆者の報告に対する質疑応答のなかで、コメンテーターのクレメント・リアン氏(Penang Heritage Trust：PHTの評議員）から得られた情報によれば、ペナン市の人口約三〇万、遺産地区人口約八千人に対し、二〇一七年以降推定で年間七〇〇万人もの観光者が来島するようになったという。

に観光地化するようになった。

ジョージタウンは植民地期に英国人などヨーロッパ人のみならず、華人やインド系、マレー系、アラブ系などの実業家・商人、肉体労働者（苦力）の流入によって多民族が共存する社会を生み出した。そして、キリスト教会、中国廟、ヒンドゥー寺院、マシジッド（モスク）といった宗教施設や華人系富豪の旧邸宅などの歴史的建造物、ショップハウス（二階建ての店舗併設型棟割り住居）によって特徴ある街並みが生成されてきた。こうした歴史的建造物が織りなす街路景観は、世界遺産の対象になるとともに観光集客資源ともなった。さらにペナン州政府のプロジェクトによって、二〇一二年以来「ウォールアートの街」「インスタ映えする街」として喧伝されるようになり、LCCやクルージング船で運ばれてくる国内外からの観光者の流入をみるようになった[1]。しかし二〇二〇年の春節後、COVID-19のパンデミックはツーリズム・モビリティを寸断した。オーバーツーリズムがとりざたされるほどに観光者で溢れかえっていた観光スポットは閑散とした空間と化し、インバウンド需要の蒸発により有名ホテルやゲストハウス、飲食店、土産物店などは休業もしくは廃業を迫られることとなった[2]。わずか数年の間に膨れ上がっていた「アブノーマルな観光バブル」は弾けてしまったのだ。

こうした状況をふまえ、本章ではジョージタウンにおけるこれまでの観光振興のあり方について批判的考察を加えつつ、COVID-19禍を契機としてジョージタ

（2）①"Coronavirus: 5 hotels in Penang, 2 in Perak shut down amid prolonged movement curbs," *The Strait Times*. Apr. 28, 2020, https://www.straitstimes.com/asia/se-asia/coronavirus-5-hotels-in-penang-2-in-perak-shut-down-amid-prolonged-movement-curbs.（2020. 4. 29 アクセス）、②"Cheers all around as Penang opens its arms to visitors," *The Star*. Dec 6, 2020, https://www.thestar.com.my/news/nation/2020/12/06/cheers-all-around-as-penang-opens-its-arms-to-visitors（2020.12.20 アクセス）、③"Hotel Equatorial Penang to cease operations," *New Strait Times*. January 25, 2021. https://www.nst.com.my/news/nation/2021/01/660469/hotel-equatorial-penang-cease-operations（2021.1.18 アクセス）。

ウンは地元民のノーマルな生活を脅かすことのない〈節度ある観光地〉へ回帰するよう仕切り直しすべきことを説きたい。

2　大衆観光地化したジョージタウンのツーリズムスケープの変貌

ジョージタウンの旧市街地は、地代や家賃を第二次世界大戦前の公定価格に据え置く「家賃統制令」(Control of Rent Act：一九四七年公布）により建替えなどの更新がなされなかったため、空き家や陋屋が放置され、次第に街区は荒廃の一途をたどった（藤巻 2016)。こうした状況下、一九八六年来、ジョージタウンの歴史的建造物や多民族が共生する生きられた街区の保全と修景をめざしたＮＧＯ（Penang Heritage Trust：ＰＨＴ）などの取組みによって、その街並みや地元の生活文化は存続し得た（結果として、二〇〇八年の世界遺産地区への登録に繋がった）。

しかし、「家賃統制令」が二〇〇〇年に解除され、二〇〇八年に世界遺産地区に登録されて以降、ジョージタウン旧市街地に対して「観光（者）のまなざし」が向けられるようになり、空き家や廃屋になっていたショップハウスはゲストハウスやブティックホテル、カフェ、レストラン、土産物店などの観光施設に改修されるなど、観光リノベーションが急速に進められたのである（藤巻 2014; 2016)。

ポストコロニアル論からすれば、ジョージタウンの歴史的建造物や街並みは植民地経験（コロニアリティ）の表象景観にほかならない。しかしジョージタウンにお

（３）『地球の歩き方　マレーシア・ブルネイ　2009/2010年』ダイヤモンド社、二一五頁。

いては、「東洋と西洋の文化が融合」し、「白亜の建築様式が美しいノスタルジックな雰囲気漂う街」、「一本のストリートに、さほど間隔も空けずにキリスト教会、中国寺院、モスク、ヒンドゥー寺院が建ち並ぶ。異なる民族がそれぞれの文化を守りつつ、ひとつの町を共有する姿。それはまさに奇跡のハーモニーを奏でている[3]」などといった、「多民族が共生しあってきた社会」という「物語」が強調されることにより、コロニアリティは観光資源へと価値転化がなされた（藤巻 2016）。

さらに二〇一〇年代半ば以降、ジョージタウンは「ストリートアートの街」として喧伝されるようになった。ストリートアートの出現は、「ジョージタウン・フェスティバル2012」の一環としてペナン州政府の依頼により、二〇一二年にリトアニア出身の若手アーティストであるアーネスト・ザカレヴィッチ（Ernest Zacharevic）氏がショップハウスの壁面に画いた九作品を端緒とする。なかでも〝Boy on Motorbike〟（写真1）や〝Kids on Bicycle〟が人気を集めてきた。また、クアラルンプルのデザイン会社による五二作品のワイヤアートも街角の各所に展示された（写真2）。これらの多くは、いずれも地元民の日常生活や裏通りの生きられた歴史をモチーフにしたコミカルな作品である。

こうした「世界遺産地区」で「ストリートアート」を愉しむ「街歩

写真1　アルメニア通りの壁画“Boy on Motorbike”の前で写真を撮る家族
撮影者の背後にはカメラをかかえた数多くのツーリストが順番待ちをしている（2014年８月22日，筆者撮影）

写真２　街角のワイヤアート
旧市街地の各地にコミカルなワイヤアートが設置されている。右の図柄は落書き（2014年８月22日，筆者撮影）

き」という新たな観光形態の魅力は、ガイドブックやウェブサイト、SNS、YouTubeなどのメディアを通して情報発信された。政府系のマレーシア情報サイトでは「ペナン島はインスタ映えの宝庫！」(4) と銘打ち、ジョージタウンは世界遺産地区としてだけではなく、「ウォールアートの街」あるいは「フォトジェニックな街」として強調されるようになった。世界遺産地区は、そうした惹句に誘われたツーリストが横溢する街へと、そのツーリズムスケープ（tourismscape：観光の現場の風景）を変貌させることとなった（写真3）。

3　マスツーリズムの受け皿となった福建系移民桟橋集落

「ウォールアート巡礼」でにぎわう旧市街地中心部から少し離れたフェリー乗り場近くの周姓桟橋（Chew Jetty）においても大衆観光地化が一気に進んだ。七五戸から成るこの集落は福建省泉州をルーツとする。現存する七つの「姓《かばね》桟橋」（Clan Jetties）のなかで最大規模の集落である。姓桟橋とは、ジョージタウンに寄港する船舶への荷役、水や食料の供給などを生業としてきた林・周・李などの同姓一族ごとに形成されてきた約一〇〇年の歴史を有す福建系移民の水上集落を指す。これらは州政府によって不法占拠集落として位置づけられ、すでに二つの集落が撤去され

写真3　アルメニア通りでトライショーを愉しむツーリスト

マシジッド＝カピタン＝クリン通りとアルメニア通りの交差点界隈が世界遺産地区で最もにぎわう観光スポットとなっており，ツーリストでごったがえしていた。しかし2020年の春節後はCOVID-19禍によって無人街と化した（2019年9月8日，筆者撮影）

（4）https://www.go-malaysia.info/travel/tr-penang/penang-street-art-01/ 二〇一九年十月二十九日（2019.12.1アクセス）。

たように、絶えず取り壊しの危機に直面してきた(5)。しかし、歴史的建造物として世界遺産に登録されて以来、外部者の立ち入りがほとんどなかった桟橋集落はにわかに「観光（者）のまなざし」が向けられる対象となった。

筆者が二〇〇三年、二〇一〇年そして二〇一二年に周姓桟橋を訪れた頃は、外部者はあくまでも集落に受け入れてもらう存在でしかなかった。しかし二〇一九年に再訪してみると、数多くのツーリストで埋め尽くされていた。わずか数年間に、周姓桟橋は、観光メディアや観光者による情報の発信・拡散によって、「映《ば》える場所」として徹底的に観光地化されていたのである。観光ガイドブック『地球の歩き方　マレーシア・ブルネイ　2017/18年』（ダイヤモンド社）においても、周姓桟橋はジョージタウンの「見どころ」に加えられるようになった。「今は観光名所になったが、人々の生活があり、民家の間に寺や小さな店があちこちに張り出し、軒先におじさんが寝ていたりする。町の散歩のなかでも最もユニークな場所の一つであろう(6)」と。しかし、そうした長閑な情景は掻き消されてしまった。土産物店などが軒を連ねる桟橋の板張りの狭い通路を手持ち扇風機やスマホを片手に、ドリアン風味のキャンデーを舐めながらツーリストが行き交っている（写真4）。世界遺産に登録されたこの福建系移民集落は完全に観光消費の空間になり果ててしまった。ツーリストは桟橋集

写真４　ツーリストであふれかえる周姓桟橋

COVID-19禍に苛まれる前まで狭い板張りの通路は土産物店とツーリストとで密な空間と化していた（2019年９月８日，筆者撮影）

(5)　ジョージタウンの姓桟橋の由来については、二〇一〇年にペナン州政府が設立した「ジョージタウン世界遺産機構」（George Town World Heritage Inc）を参照。

落の由来に思いを馳せたり、住民の日常生活に気遣ったりすることなく、ただ単に情報端末で話題になっている桟橋集落の雑踏が醸し出す熱に浮かされ、自身がそこに存在していることを証明するため写真を撮り愉悦に浸っているのだ。こうして、約一〇〇年間、福建系移民が生業・生活の場としてきた桟橋集落は〈無秩序な観光空間〉(disorganized tourism space)(7)と化してしまった。無論、ホスト/ゲスト間での「歓待《ホスピタリティ》」が交歓される情景を目にすることはできない。

二〇一〇年にペナン州政府により設立されたジョージタウン世界遺産機構が作成した日本語版パンフレット『ジョージタウンの姓桟橋』の最終頁には、ツーリスト向けに「姓桟橋でのマナーについて」と題して九項目の注意事項が明記されている。「大声を出さないでください」、「大人数で訪問しないでください。木造でできた桟橋に影響するためです」などとある。しかしCOVID-19によりツーリズム・モビリティが寸断されるまでは、こうした呼びかけは空しい文言となっていた。姓桟橋の存続に尽力してきたPHTのクレメント・リアン(Clement Liang)氏によれば、周姓桟橋住民の四割は観光化に消極的もしくは反対だったが、六割は観光収入が得られるとの理由から肯定的であった(8)、という。観光客が殺到するホットスポットが蕩尽され、その魅力が減退すれば、「観光スラム」化する可能性があるといった想像力を肯定派の住民は持ち得ていたのだろうか。少なくとも観光ビジネスに積極的に参加している住民は日銭を稼ぐことができるとしても、それ以外の住

(6)『地球の歩き方 マレーシア・ブルネイ 2017/18年』ダイヤモンド社、一五九頁。

(7)"disorganized tourism space"とは、中国人観光客の観光行動について、〈ホスト-ゲスト関係〉論の視点からChan Yuk Wah(2009)が提起した概念だが、中国人に限らず、近年の国際的なマスツーリズムの現場でのツーリストのふるまいを考察するうえで有用であると言えよう。

(8) 前掲注1。

民にとって観光化は益するものでなく、むしろ日常生活が脅かされているという状況は、なんらかのかたちで埋め合わされねばならないだろう。

4 ジョージタウンは「節度ある観光」の場へと回帰すべきだ

経済社会的衰退問題に直面していたジョージタウン旧市街地は、二〇〇〇年代半ば以降、「多民族が共生しあうエキゾチックな街」であるという「物語」を集客資源として、急速に観光地化されるようになった。さらに「ウォールアートの街」「フォトジェニックでインスタ映えする街」として知られるようになり、世界遺産地区はマスツーリズムの舞台となった。その過程で住民の立ち退きを促す観光リノベーションやジェントリフィケーション（富裕化）が進行し、オーバーツーリズムも懸念されるようになった（藤巻 2016）。こうした状況を瞬時にシャットダウンし、観光事業者を廃業・休業に追い込んだ出来事こそCOVID-19のパンデミックにほかならない。

マレーシア政府は、二〇二〇年三月以降、外国からの入国を遮断するとともに全国的に外出禁止令を発出し、国民の州間移動に対しても制限を加えた。その後、マスクの着用や「三密」を避けるなどの注意事項を盛り込んだ"New Normal Tourism Concept"の枠組みのもと、COVID-19の感染拡大状況が深刻化しなかったペナンは、安心・安全な長期滞在やテレワークにふさわしいリゾート地であるとしてツーリストの呼び戻しを図ろうとしている。(9) しかし、オーバーツーリズムをもたらしたこれまでの観光振興のあり方に関する抜本的見直しがなされているとは言い難い。

以上をふまえ、これまで観光研究においてしばしば説かれてきた「持続可能な観光」「観光倫理」「ツーリストの責任ある観光」などの考え方に相応して、世界遺産地区ジョージタウンは〈節度ある観光〉の舞台となるべきであることを最後に言及しておきたい。それに関わっては、井口貢が唱える〈脱観光的観光〉(2015; 2018)、あるいは高坂晶子(2020)の〈観光に消費されない観光〉という考え方が、〈節度ある観光〉という考え方の補助線になるだろう。

井口は地域文化政策・地域観光文化論の立場から、観光商品の大量生産・大量消費・大量廃棄型のマスツーリズムは必然的に観光公害やオーバーツーリズムをもたらすとして批判し、「地域の所与性・常在性を重視した文化資源の活用を通して、〔……〕地域の固有価値が尊重され、文化と経済の調和ある発展が具現化されなければならない」(井口 2015: 18)と説く。そのうえで今に生きる地域文化へのまなざしを育むことを前提とした〈脱観光的観光〉の意義を提唱してきた。その主旨は、本章でいう〈節度ある観光〉という考え方と位相を同じくする。また、一九八六年からジョージタウンの歴史的建造物や日常的生活文化の価値に「光」を見出し、それらの存続・継承を図るとともに、住民の視点に立った旧市街地の活性化、持続可

(9) ①「観光地からのメッセージ――マレーシア政府観光局」https://travel.watch.impress.co.jp/docs/special/1250438.html 二〇二〇年五月五日(2020. 7. 24アクセス)、②「マレーシア政府観光局、コロナ後の新基準旅行スタイルを提案。ランカウイ、ペナンリゾートに注目」https://travel.watch.impress.co.jp/docs/news/1259816.html 二〇二〇年六月十八日(2020. 7. 24アクセス)。

能な観光産業との調和の促進に取り組んできたPHTのプロジェクトとも重なり合う。つまり、経済効果だけを期待するような観光政策や観光まちづくりではなく、観光の現場となっている地区や周辺地域の住民のノーマルな日常生活や生活文化の存続や発展にも益するような、来訪者と地域住民との交歓をともなう〈節度ある〉場になることが求められているのである。

例えば、周姓桟橋を事例に考えてみたい。確かにCOVID-19は、観光ビジネスに参加するようになった住民に対して痛撃を与えた。しかし、一〇〇年以上の歴史を有す小さな桟橋集落は、沸騰するマスツーリズムが生み出した「無秩序な観光空間」から、それ以前の「ノーマルな日常的生活空間」を取り戻すことができたことは間違いない。コロナ禍という災厄は、周姓桟橋がマスツーリズムによって過剰消費され、「観光スラム」化させられてしまうのではなく、地元民にとっては日常生活を回復でき、ツーリストにとっては非日常性を経験できる、そして双方による「歓待《ホスピタリティ》を贈与《ギフト》する観光」（遠藤 2021）の場にすることが可能か否か、あらためて住民も観光事業者も、そしてツーリストも問い直す機会となるのではなかろうか。少なくとも、桟橋集落の住民自身がコミュニティの存続を図りつつ、持続可能な〈節度ある観光集落〉を追求すべきであるならば、観光客の横溢するような受入れ方は回避すべきであろう。

コミュニティとしての存続と観光との両立を通して周姓桟橋の活性化を目指すの

であれば、マスツーリズムに迎合するのではなく、Community-Based-Tourism（CBT）[10]の導入が適切かもしれない。周姓桟橋そのものを「生きる遺産ミュージアム」（例えば「桟橋歴史文化村」）として位置づけ、ジョージタウン世界遺産機構やPHTの支援のもと、コミュニティ・ベースの歴史遺産プロジェクトに取り組む、という考え方はどうか？　集落入口の朝元宮という廟の裏手の公民館ではこの集落の歴史を紹介する写真資料が展示されているが、この集落の来歴や伝統的な生活文化を伝える「社区文物館」へと拡充し（入館料を徴収）、集落内の見学を希望する来訪者に対しては、定められた時間帯に住民をガイド（インタープリター）として少人数での有料ツアーを催行するという企画はどうか？　こうした取組みによりツーリストの入村制限も可能となり、桟橋が無秩序な観光空間となることは回避できるだろう。加えて周姓桟橋のみならず、観光化に未だ曝されていない他の姓桟橋とも連携して姓桟橋を巡るツアーへと発展させることも考えられよう。そして、CBTによって得られた収益金は桟橋集落の環境整備や住民の社会福祉、子供たちの教育資金とするなど、コミュニティにとっても益するような仕組みづくりを追求してみてはどうか？　台湾原住民族ツォウ族の原郷である阿里山・山美村では、父祖伝来の地を自然生態公園とし、エコツーリズムとエスニックツーリズムとを複合させたCBTを実践しているが[11]、それが参照例となろう（ティブスング 2010）。

　アフターコロナ観光のあり方に関わっては、マレーシア政府や観光産業によって

（10）観光目的地の主体的な取り組みをベースに、その土地の自然環境や生活文化を資源として、地元民とツーリストとのフラットな交流・交歓を図りつつ、当該コミュニティの持続的かつ経済社会的自立や振興を促すことを企図した観光形態。

（11）同村では，自然との共生観に根ざしたローカルナレッジにもとづく伝統文化をエコツーリズムと結びつけ，渓流域を自然生態園区として管理しつつ，経済的自立とコミュニティの整備，生活文化の保全を目指しCBTを展開している。入園料など園内での収益金はコミュニティの生活環境の整備や村民の社会福祉，子供たちの教育のための資金として活用されている。

“New Normal Tourism”とか「新しい観光」という、これまでの観光のあり方とは異なるツーリズムのかたちが言挙げされているものの、結局は新型コロナ禍に対する弥縫策でしかなく、経済優先型の観光事業を超克したものとはなっていない。地元社会から〈反観光〉の言動を興させるようなマスツーリズムではなく、訪れる人と迎える人々の間で節度ある交流・交歓をともなう観光の思想を、あらためて地元社会、行政・メディア・観光産業、ツーリストがともに自覚的に再（再）構築していくことが肝要であろう（山口・須永・鈴木 2021）。つまりは、ジョージタウンの世界遺産地区に暮らす地元民の日常生活（や街区の景観）を存続させながら、世界遺産登録の際に評価されたユニークな生活文化の存続と活性化を図るべく、バランスのとれた持続可能な、井口が述べるような〈常在観光〉地を目指すべきであろう。〈節度ある観光地〉とはそのようなことを含意しているのだ。

［付記］　本章は、『立命館大学人文科学研究所紀要』一二五（二〇二一年）に掲載された拙稿「世界遺産地区ペナン・ジョージタウンにおける「大衆観光地化」批判――COVID-19を契機として脱観光的／節度ある観光地へと仕切り直すべきだ！」を改題・改稿したものである。

参考文献

井口貢編（2015）『観光学事始め――「脱観光的」観光のススメ』法律文化社
井口貢（2018）『反・観光学――柳田國男から、「しごころ」を養う文化政策へ』ナカニシヤ出版
遠藤英樹（2021）「アフター＝ウィズCOVID-19の観光の可能性」『立命館大学人文科学研究所紀要』125: 3-22
高坂晶子（2020）『オーバーツーリズム――観光に消費されないまちのつくり方』学芸出版社
ティブスング・エ・バヤヤナ（汪明輝）（2010）「エコツーリズムによる自立――台湾阿里山里達娜伊谷渓での経験」、江口信清・藤巻正己編著『貧困の超克とツーリズム』明石書店、一四七―一二一頁.
鍋倉咲希（2018）「観光によるアート概念の再編成――マレーシア・ジョージタウンのストリートアート観光を事例に」『観光学評論』6(1): 19-34
藤巻正己（2014）「マレーシアにおける遺産観光と利活用される植民地経験――再資源化されるコロニアリティ、ハイブリディティ」、天理大学アメリカス学会編『アメリカスのまなざし――再魔術化される観光』天理大学出版部、三七―五八頁
――（2016）「世界遺産都市ジョージタウンの変容するツーリズムスケープ――歴史遺産地区の観光化をめぐるせめぎあい」『立命館文学』645: 137-163
――（2021）「世界遺産地区ペナン・ジョージタウンにおける「大衆観光地化」批判――COVID-19を契機として脱観光的／節度ある観光地へと仕切り直すべきだ！」『立命館大学人文科学研究所紀要』125: 185-223

山口誠・須永和博・鈴木涼太郎（2021）『観光のレッスン――ツーリズム・リテラシー入門』新曜社

Chan Yuk Wah（2009）"Disorganized tourism space: Chinese tourists in an age of Asian tourism," Tim Winter, Peggy Teo and T. C. Chang eds., *Asia on tour: Exploring the rise of Asian tourism*, 2009, London: Routledge, 67-77.

Clement Liang（2017）"George Town's street mural art and tourism impact," *Asian Journal of Tourism Research*, 2(3), 168-188.

George TownWorld Heritage Inc.（発行年不詳）『ジョージタウンの姓桟橋』

11章　観光を取り込む・放置する
――インドネシアから再考する「観光のレジリエンス」

間中　光

1　観光のレジリエンスへの期待

二〇二〇年初頭から続く新型コロナウィルス感染症（以下、ＣＯＶＩＤ－19）の世界的な流行は、観光産業や同産業とのつながりの深い国家・地域社会にも深刻な影響を与えている。国連世界観光機関（ＵＮＷＴＯ）の予測では、旅行制限の段階的緩和・ワクチンや治療法の開発などを前提にした旅行者数の回復を見込みつつも、国際観光客到着数が二〇一九年の水準まで回復するには二・五～四年の年月を要するとしている（ＵＮＷＴＯ 2020）。こうした危機に対して、二〇二〇年九月には、国連教育科学文化機関（ＵＮＥＳＣＯ）などの国際機関によって「文化・観光とＣＯＶＩＤ－19――復旧・レジリエンス・再生」と題する会議が開催され、二〇二〇年十月に開催されたツーリズムＥＸＰＯジャパンのフォーラムでは「コロナ感染を乗り越え、強靭で（resilience）持続可能な観光成長を目指す」がテーマとなるなど、「観光のレジリエンス」に注目した議論が盛んに行われている。

このレジリエンスとは、「本質的な機能・構成・同一性・フィードバック機構を維持するために変化し、騒乱を吸収して再構成するシステムの能力」(Walker, Holling & Carpenter & Kinzing 2004: 2)のことを指す概念である。一九七三年に生態学者のC・S・ホーリングがレジリエンスという用語を用いて以降(Holling 1973)、PTSDやストレスからの回復に関する心理学的研究や、被災地の復旧・復興プロセスに関する災害研究など幅広い分野において使用されている。また、レジリエンスの訳語としては「回復力」「復元力」などが用いられている。しかし、レジリエンスなシステムには戻るべきベースラインが存在するとは限らない。そのため、レジリエンスではないものとしてあえて「回復」(ricovery)を挙げ、「絶えず変化する環境に合わせて流動的に自らの姿を変えつつ、目的を達成する」という動態的な面を強調することからレジリエンス概念の特徴を示そうとする論考もある(Zoli & Healy 2012=2013: 19)。

一方、観光研究におけるレジリエンス概念の応用は他分野に比べて立ち遅れている。これまでの観光研究では、観光産業は、政情不安や経済危機、自然災害などに代表される外部環境の変化に対して非常に脆弱な性格を持つ産業であるとの認識に立ち(Cro & Martins 2017)、危機管理の観点から多くの研究が蓄積されてきた。しかし、一九六〇年以降に発表された観光の危機管理・対応に関する論文についてまとめたB・W・リッチーらは、復興に向けたマーケティングや情報発信、政府やDMO（Destination Management Organization）による援助などの被災直後の「対応と復旧」（五五％）に焦点を当てた研究と比べ、被災前の危機管理計画の策定やそのためのリスク分析などの「予防や計画」（一三％）に関する研究は少数にとどまっており、特にレジリエンスの検討を含め、長期的な視点に立った危機・災害への備えにつながるような「解決と再構築」（五％）に関する研究は、その数・テーマの拡がりともに大きく不足していると指摘している（Richie & Jiang 2019）。この背景として、観光研究、特に観光経営学の分野においては、観光市場の動向把握にその主眼が置かれ、観光主体自身の増強に対する関心は高くはなかったという観光経営学の特徴が指摘されている（大橋 2020）。

しかし、今般のCOVID-19による観光危機とその長期化という事態では、復興に向けたマーケティングや情報発信、関連機関による支援など「いかに迅速に復旧・復興させるのか」という視点による研究のみでは十分とは言えず、観光主体が「いかに破綻することなくその存在を保つことができるのか」という視点に立った研究も求められている。環境の変化に応じ、企業や個人が自身の観光ビジネスを再構築していく能力や地域の公的な観光機関・組織が観光と地域の関係性を再構築していく能力（Lew 2014）を問う観光のレジリエンスは、こうした点において注目を浴びていると言えよう。

本章では、この観光のレジリエンスについて、人々の生存戦略という視点から改めて考えてみたい。これまでの観光のレジリエンスをめぐる議論の主体は観光ビジネスを行う企業や個人、地域の公的な観光機関・組織であった。本章では、その視野を拡げ、こうした観光主体によるレジリエンスについて、二〇一〇年のムラピ山噴火災害、そして二〇二〇年から続くCOVID-19の感染拡大という二つの環境の変化を経験したインドネシア・ムラピ山地域の事例から考察する。

2　観光を取り込む人々――ムラピ山噴火災害

インドネシアの中部ジャワ州とジョグジャカルタ特別州に跨るムラピ山は、標高二九〇〇m級の活火山である。世界有数の火山大国として知られるインドネシアにおいても、ムラピ山は特にその活動が盛んであることが知られており、一九九〇年以降に限ってみても一九九二・一九九三・一九九四・一九九五・一九九七・一九九八・二〇〇一・二〇〇六年に火砕流の発生が確認されている。一方で、赤道直下の熱帯気候にある同地において山地の涼しい気候は過ごしやすく、火山噴出は肥沃な大地と建築資材として高価に取引される凝灰岩・火山砂を作り出すことで、人々の生活に恩恵をもたらしてきた。そのため、世界有数の活火山でありながら、噴火口から四㎞まで村々が存在し、多くの居住人口を抱えるという状態が続いている。

しかし、こうしたムラピ山においても、二〇一〇年の噴火は大規模なものであ

写真1　雄大なムラピ山

り、死者三八六名、倒壊家屋二八五六棟という甚大な被害をもたらした。噴火口の南方五kmに位置するP集落もこうした被害を受けた集落の一つである。一〇五世帯三一一人が暮らすP集落は、被災前までは、乳牛・肉牛の飼育を中心とした畜産業、コーヒー豆・丁子《ちょうじ》・キャッサバなどを栽培する農業や林業などの第一産業が総収入の六割近くを占める典型的な山村であった。その他、石砂の採取や建設業などの第二次産業、公務員や民間企業、小売業などの第三次産業からの収入もそれぞれ二割程度はあるものの、観光業からの収入は全体の一％以下であった。また、兼業も一般的であり、「飼育している三頭の牛の乳しぼり・採草を行いつつ、コーヒー畑の手入れをし、子どもの入学や結婚でまとまったお金が必要になれば、所有地の木を伐採し現金に換える。引き合いがあれば、特には家屋建設の手伝いや石砂の採石で日銭を稼ぐ」というように、生計を多様化させつつ、生活を維持する世帯も多かった（図1-被災前）。

しかし、二〇一〇年十一月五日に発生した火砕流によってP集落の状況は一転する。多くの住民は既に麓の避難所や親類・知人宅に避難していたため難を逃れたものの、火砕流の直撃を受けたP集落は、住民たちの家屋・家畜・田畑・森林のすべてが全焼する壊滅的な被害を受けた。噴火活動自体は十二月頃には落ち着きをみせ、避難指示も解除されたものの、この後、住民たちは半年間にわたる避難所での生活を余儀なくされる。また、公務員や小売業などの第三次産業に就いていた者を除き、多くの住民は生計の手段を失った。

こうしたなかにあって、住民の一部には観光業によって収入を得る者も出現している。これは、P集落から二㎞の位置にあるキナレジョ集落に来訪した観光客に、二〇一〇年噴火に関連するDVDやTシャツ、飲料水などを販売していた人々である。このキナレジョ集落はジョグジャカルタ王宮の廷臣で山の番人（juru kunci）を務めるマリジャン翁の居住地として有名な集落であり、十二月以降、同年十月の噴火に巻き込まれて亡くなったマリジャン翁の終焉の地を一目見ようと多くの人々が同地を訪れていた（図1-避難所期）。

その後、二〇一一年四月にはP集落から四㎞離れた場所に仮設住宅群が完成し、住民たちはそこからP集落へ通い、火砕流堆積物の撤去を行っていた。また今回の噴火で噴出された石・砂の運び出しや復興事業も本格化し、P集落でも複数の世帯が採石業や建設業から収入を得ることができている。一方、畜産業・農業・林業といった第一次産業は堆積物の撤去を行っている段階にあり、本格的な再開には至っていない。

同時期にP集落を含む被災地では、先述したキナレジョ集落を訪れた観光客を対象としたジープツアーが盛んに行われるようになっていた。このジープツアーとは、遺物や当時の写真を展示している私営博物館や奇岩など被災地に散らばるいくつかのポイントを中古のジープに乗り込んで周遊

写真2　ジープツアーを楽しむ観光客

するものである。先述した私営博物館はＰ集落の住民のひとりが半壊した自宅を活用して立ち上げたものであり、博物館自体は無料であるものの、その周辺には土産物店や食堂が作られ、Ｐ集落の住民が店員として働いていた他、政府より支給された飼育牛損害に対する見舞金を使い、中古ジープを購入してツアーを運営する動きも相次いだ。この時期、こうした観光業から収入を得ていた世帯は延べ二〇世帯に及び、第一次産業の回復が見通せないこの時期にあって、貴重な収入源となっていた（図１‐仮設住宅期）。

そして、被災から二年が経った二〇一三年一月に、Ｐ集落の住民たちは政府が新たに建設した復興住宅群に入居する。住民の多くはＰ集落での再居住を望んでいたものの、同集落を含めた一帯は今後も災害リスクが高いとして政府が居住禁止地帯に指定したため、住民らは二kmほど麓に下った場所に建造された復興住宅群にて新たな生活を始めることとなった。復興住宅群には牛舎も新設され、住民たちは乳牛の飼育を徐々に再開しており、被災前に五三世帯で二一〇四頭が飼育されていた肉牛・乳牛も、二〇一六年には、四五世帯で八八頭が飼育されるまでに至っている。しかし、新たに購入した子牛が交配・出産を経て牛乳の出荷が可能となるには二年以上の期間を要することに加え、旧居住地から復興住宅の牛舎まで、高低差のある二km以上の道のりを重量のある牧草を抱えて往復する必要があり、被災から六年が経過した二〇一六年時点でも、被災前ほどの収入を得るには至っていない。

写真３　入域料徴収所で働く地域住民

一方で、観光業においては、売店の店員やジープの運転手として働いていた住民以外にも、二〇一四年にP集落やその隣接集落のコミュニティ・リーダーたちが合同で立ち上げた入域料徴収所で働く住民もいる。これはジープツアーの周遊コースに含まれる集落が、通過するジープから一万ルピア（約一〇〇円）を徴収することで、観光の恩恵を広く地域社会に還元させることを目指したものである。運転手・店員として観光業に携わることができるのは、ジープの購入費用を用意できた住民や私設博物館・売店の所有者から仕事を回してもらうことができた住民に限られるが、徴収所での勤務は、同制度が公的な性格を有するものであるため、当番制ではあるものの、希望すれば一世帯一人まで働くことができる。徴収所での仕事は月に二〜三回ほどであるため、運転手・店員と比較すれば収入としては少額であるものの、より多くの世帯が観光からの恩恵に浴することができる（図1－復興住宅前期・後期）。

このように、これまでも畜産業を主としながらも、農業・林業に加え、機会があれば採石業なども行うなど生計の多様

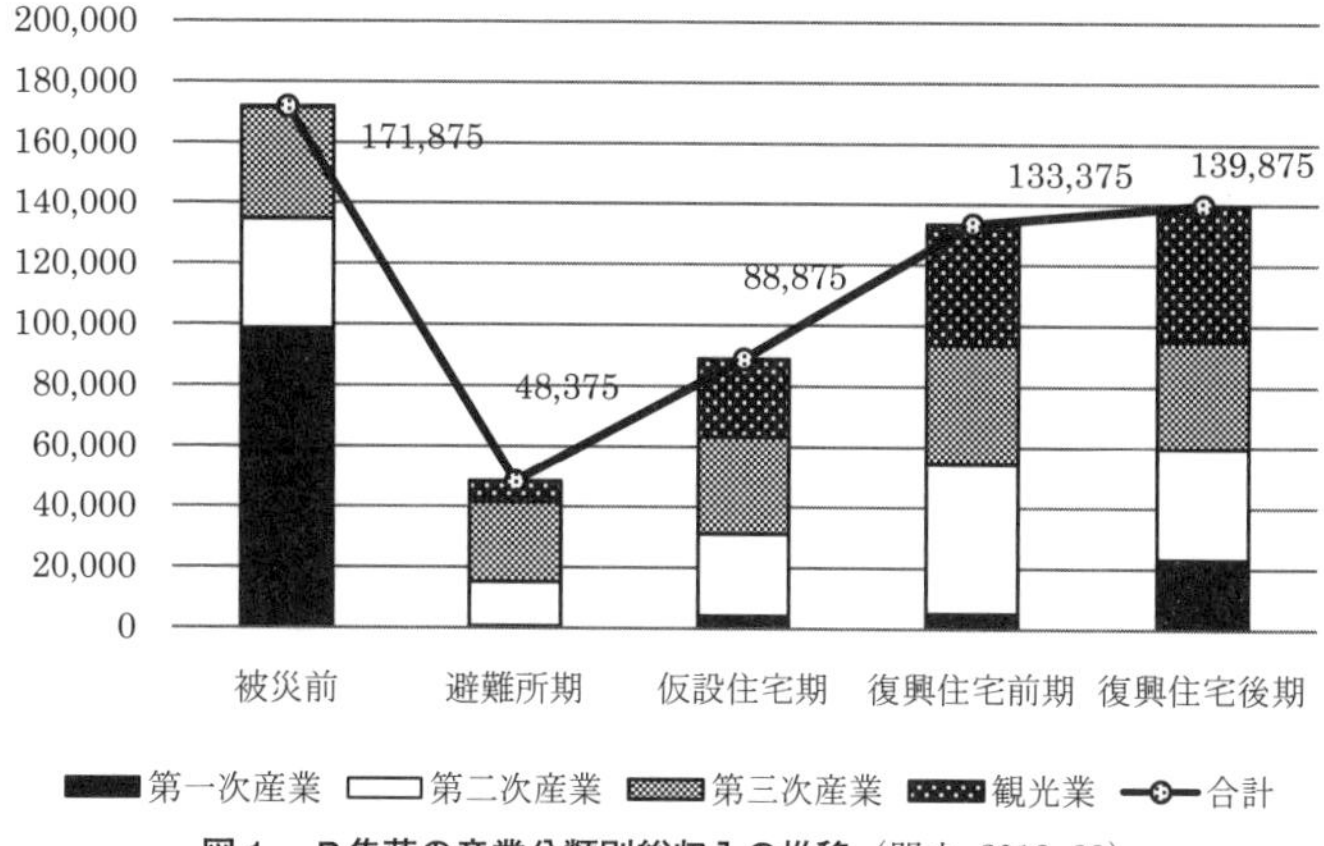

図1　P集落の産業分類別総収入の推移（間中 2018: 23）
（注）　集落の総収入（単位：1000インドネシア・ルピア）は、被災前・避難所期（被災０〜６カ月）・仮設住宅期（７カ月〜２年）・復興住宅前期（２〜４年）・復興住宅後期（４〜６年）の５つの復興段階ごとに記載。

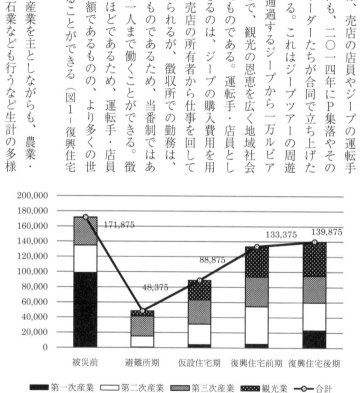

化をはかることで生存を維持してきたP集落の住民たちにとっては、被災によって生じた観光も生計の多様化をはかる手段の一つであり、全焼による壊滅や居住地との分離という困難さを抱えた第一次産業から、観光業へとその比重を分散させたに過ぎない。P集落の住民たちは、自然災害という環境変化に対し、「観光を自らの生活に取り込む」ことで、地域生活の再構築を果たしたとも言えよう。

3　観光を放置する人々——COVID-19の感染拡大

COVID-19の感染拡大はインドネシアも例外ではなく、二〇二〇年三月二日に国内初の感染者が確認されて以降、感染者数・死者数ともに拡大を続け、二〇二一年一・二月には、一日当たりの新規感染者数が一万人を超え、連日三〇〇人近い数の死亡者が報告される日が続いた。その後、一日当たりの新規感染者数は五〇〇〇人前後を推移しているが、二〇二一年五月までに一八〇万人以上の感染者と五万人を超える死亡者が確認されている。二〇二〇年三月十五日の大統領声明以降、感染の拡大が深刻な地方自治体ではPSBB（Pembatasan Sosial Berskala Besar）と呼ばれる大規模な社会制限が行われ、教育機関や公共施設の閉鎖、特定業種を除く職場の休業、出入域の制限などロックダウンに近い政策がとられた。こうした社会制限は、その後も緩和と強化を繰り返しながら、各地方自治体で行われている。

P集落があるジョグジャカルタ特別州スレマン県でも、二〇二〇年州知事決定六五号により三月二十三日から六月三十日までがCOVID－19災害緊急警戒期となったため、県観光局からの命令に基づきジープツアーも催行が禁止された。この三カ月間の禁止期間を経て、七月には、感染拡大が続くジャワ島にあって同州の感染状況は比較的落ち着いたため、二〇二〇年県知事通達五五六号〇一五四七に基づく県観光局の判断により、乗車定員の削減やツアー時間の縮小、居住地を横切らないルートへの変更などの対策をとることを条件にツアーの再開が可能となった。しかし、同地を訪れる団体客の多くは感染が拡大しているジャカルタ首都特別州や西ジャワ州・東ジャワ州の都市住民であり、これらの地域では引き続き大規模な社会制限が継続していたため、ツアー再開後もパンデミック前の一五～二〇％程度しか観光客は戻ってこなかった。また、二〇二一年一月頃からはジョグジャカルタ特別州でも感染者の増加が見られ、一月六日にインドネシア政府は二〇二〇年内務大臣告示一号により同州を含む地域に社会活動の制限を発表、観光客はパンデミック前の五～一〇％程度まで落ち込んでいる。ではこうしたCOVID－19の感染拡大という環境変化に対し、P集落の人々はいかに対応しているのだろうか。

事例1　スギヨノ氏（四十一歳、男性、仮名）

スギヨノ氏は三十五歳の妻と十二歳・九歳の子どもとの四人家族である。妻は二〇一〇年の噴火前から近くのゴルフ場でキャディとして働いており、月一五〇万ルピアほどの給与があったが、次男出産後は子育ても忙しくなり、その半額程度しか稼げていない。スギヨノ氏自身は、噴火前から採石業に従事して妻と同額程度の稼ぎを得ていた。噴火後も採石業に携わり、二〇一一年は月二〇〇万ルピアほど稼いでいたが、ジープの運転手兼ガイドという仕事が面白そうだと感じ、二〇一二年から雇われ運転手として知人のジープに乗り込んで採石業と同額ほどの稼ぎを得た。そこで、「たくさんの観光客と交流できて楽しく儲けも悪くない」ジープツアーを本業にすべく、二〇一三年に銀行から土地を担保に融資を受けジープを購入した。毎月四五〇万ルピアの返済が生じたが、オーナー運転手のため取り分も大きく、銀行への返済分を差し引いたとしても手元に二〇〇万ルピア以上は残った。また年を追うごとにジープツアーの知名度は上がっていき、銀行への返済も終え、パンデミック前には六〇〇万ルピアほど稼ぐ月もあった。

こうしてスギヨノ氏のオーナー運転手としての稼ぎと妻のキャディとしての給与で生計を立てていたが、パンデミック後は観光客が皆無となり、収入のない日が数日続いたため、ジープツアーに見切りをつけ、採石の仕事に戻った。他にも観光業から採石に仕事を変えた者も多く、石砂の値段が下がっているため、本来であれば二〇〇万ルピアほど稼げるが今の収入はそこまでではない。しかし、次のレバラン（断食明け大祭）には観光客も少しは戻ってくるのでは

写真4　採石に従事する地域住民

ないかと期待している。その時はまたジープを運転して儲けるつもりである。

事例2　ギファリ氏（四十四歳、男性、仮名）

ギファリ氏は二歳年下の妻と十七歳の長男、十四歳の長女とともに暮らしている。ギファリ氏は中学校卒業後、仕事を転々としつつ、二〇一〇年の噴火前は縫製の仕事を請け負って月七五万ルピアほどの収入を得ていた。また所有地には丁子やバナナがあったがほとんど収入にはならなかった。噴火後、二〇一一年ごろから縫製の仕事を再開したが依頼がない月もあり三年後には仕事を辞めてしまった。一方で、二〇一四年からは入域料徴収所で月四回ほど当番があり、月四〇万ルピアを得るとともに、同時期に子牛を一頭購入した。二〇一六年からは、ジープツアーの立ち寄り先の一つである退避壕跡や他の観光施設でもスタッフとして月数回勤務しており、併せて四〇万ルピアほどの収入があった。一つひとつの観光の仕事は決して額が大きいわけではないが、縫製の仕事と比べると安定しており、そこがよいところだと思っていた。

しかし、パンデミック後は観光客の減少を受けて、入域料徴収所は土日限定となったため勤務当番の日数が減少した。また退避壕跡や観光施設の仕事も減少しており、これらからの収入は以前の半分以下である。しかし、二〇一四年に購入した子牛が成長し、搾乳が可能な状態にあるため月一五〇万ルピアの収入がある。またこの牛の子牛が二頭おり、現在交配中である。畜産業はコロナの影響を受けにくいので助かっている。

スギヨノ氏・ギファアリ氏ともに、二〇一〇年の噴火を契機に主たる収入源を観光業へと転換した。特にスギヨノ氏は、二〇一二年という比較的早い時期からジープツアーに参入し、大きな利益を得てきた。一方、ギファアリ氏は二〇一四年に入域料徴収所での仕事をスタートさせ、これを含め三カ所でシフト制の仕事についている。二人は観光業の収入の大きさや安定性にそれぞれよさを感じていたものの、COVID-19の感染拡大によってジープツアーは観光客が激減し二人の収入も影響を受けた。こうした事態に対し、スギヨノ氏は早々に運転手兼ガイドの仕事に見切りをつけて採石の仕事へ戻った。一方、ギファアリ氏は、乳牛の成長もあり、シフトが減った観光施設での仕事を継続している。ともに、COVID-19による観光危機に対して危機が過ぎ去ること待つ、つまり「観光を放置する」ことで生活を維持しているとも言える。

4　生存戦略と観光

このように、P集落の住民らは、ムラピ山噴火災害には「観光を取り込む」ことで、COVID-19の感染拡大には「観光を放置する」ことで環境の変化に対応してきた。こうしたインドネシアの事例は、ＣＯＶＩＤ－19による観光危機に対しどのような示唆を与えるものであろうか。

先述した通り、今般の事態に対し、観光主体を「いかに迅速に復旧・復興させるのか」という視点による研究のみならず、「いかに破綻することなくその存在を保つことができるのか」という視点に立った研究が求められており、観光主体の危機対応力を問う「観光のレジリエンス」もこうした点で注目を浴びている。しかし、Ｐ集落の住民たちによる危機対応は同視点の狭小さを示している。ムラピ山噴火災害の発生時、本章で取り上げたＰ集落の住民らは観光主体でさえなく、ＣＯＶＩＤ－19の感染拡大においては、観光主体としての対応を積極的に行ってはいない。なぜなら、彼らにとっては、観光は生存戦略における選択肢の一つでしかなく、「観光の維持＝生活の維持」ではないからである。

「アフターＣＯＶＩＤ－19の観光」においては、環境変化に対して、観光主体が「いかに破綻することなくその存在を保つことができるのか」ということだけでなく、個人や地域社会の生存維持のために「観光を利用する（しない）選択はいかにして可能か」ということについても、検討が重ねられる必要があるであろう。

参考文献

大橋昭一（2020）「現代ツーリズム論におけるレジリエンスをめぐる諸論調——レジリエン

スの理論的解明をめざして」『観光学』23: 9–19
間中光（2018）「被災後の観光発展から見る地域社会のレジリエンス――インドネシア・ムラピ山噴火被災地におけるジープツアーを事例に」『観光学』18: 23–31
Asni, O.（2020, April 4）Dampak Virus Corona, Ratusan Pelaku Wisata Jip Merapi Terancam Gagal Angsur Cicilan Bank（https://www.beritasatu.com/nasional/615297/dampak-virus-corona-ratusan-pelaku-wisata-jip-merapi-terancam-gagal-angsur-cicilan-bank 2021.6.3アクセス）
Cró, S. & A. M. Martins（2017）“Structural breaks in international tourism demand: Are they caused by crises or disasters?” *Tourism Management*, 63: 3–9
Holling, C. S.（1973）“Resilience and stability of ecological systems.” *Annual Review of Ecology and Systematics*, 4: 1–23
Lew, A.（2014）“Scale, change and resilience in community tourism planning,” *Tourism Geographies*, 16(1): 14–22
UNESCO（2020）Global Debate: “Culture, Tourism and COVID-19: Recovery, Resiliency and Rejuvenation,” 28 September 2020（https://whc. unesco. org/en/news/2171　2021.6.3アクセス）
UNWTO（2020）*World Tourism Barometer*, 18(5)
Ritchie, B. W. & Y. Jiang（2019）“Review of research on tourism risk, crisis and disaster management: Launching the annals of tourism research curated collection on tourism risk, crisis and disaster management,” *Annals of Tourism Research*, 79
Walker, B. & C. S. Holling & S. R. Carpenter & A. Kinzig（2004）“Resilience, adaptability

and transformability in social-ecological systems," *Ecology and Society*, 9(2): 5

Zolli, A. & A. M. Healy (2012) *Resilience: Why things bounce back*, New York: Free Press.［ゾッリ&ヒーリー（2013）『レジリエンス 復活力——あらゆるシステムの破綻と回復を分けるものは何か』須川綾子訳、ダイヤモンド社］

12章　モラル・エコノミーとしての観光
――北タイ山地民カレンの観光実践

須永和博

1　コロナ禍のなかの先住・少数民族

ミャンマー・ラオスとの国境に位置するタイ北部の山間部には、「山地民」と総称されるさまざまな先住・少数民族の人々が暮らしている。筆者は、そのなかでも特にカレンと呼ばれる人々の間で、二〇〇一年以来、民族誌的調査を行ってきた。カレンの人々が主体的かつ自律的に運営するコミュニティ・ベースド・ツーリズム（CBT）[(1)]と呼ばれる観光実践に着目し、CBTを導入するなかで、地域コミュニティやローカリティがいかに再編されていくのか、そのダイナミズムを明らかにすることが、筆者の研究上の関心であった。

その主たるフィールドの一つであるT村で、二〇二〇年三月グロヒと呼ばれる儀礼が行われた。「グロ」はカレン語で「封鎖する」、「ヒ」は「村」を意味する。この呼称からも分かる通り、グロヒとは、数週間から数カ月村の入口を封鎖して、悪

（1）　CBTとは、ホストである地域コミュニティの立場を尊重し、地域住民が主体的に観光の運営や管理に携わることで、観光からの経済的・社会的便益を地域のなかで適正に分配していこうとする観光開発の理念である（須永 2011）。特にタイでは、現地のNGOなどと連帯し、農山漁村など周縁に暮らす人々のエンパワーメントを目指す社会運動の手段としても展開・発展してきた。

疫の侵入を阻むための儀礼である。もともとこの儀礼は、今から七〇年ほど前にコレラが流行した際、一部のカレンの村で行われた儀礼である。その儀礼が、新型コロナウイルス(COVID-19)のパンデミックを背景に、再び実施されたのである。

同じ時期、タイ国内では、都市部を中心に政府主導でロックダウンが行われていた。この政府主導の「上からのロックダウン」は、新型コロナウイルス感染拡大を一時的に抑えることには成功したものの、観光関連産業を中心に地域経済の停滞をもたらし、市民生活にも甚大な影響を与えた。では、グロヒ儀礼という、いわば「下からのロックダウン」を自ら敢行したカレンの人々は、人やモノの移動が極度に制限された状況をどのようにして乗り切ったのであろうか。あるいは、観光客の受け入れを事実上ストップするという措置は、彼らの暮らしにいかなる影響をもたらしたのであろうか。

結論を先取りすれば、カレンの人々は、「下からのロックダウン」によって、甚大な影響を受けることはほとんどなかった。そのことについて考えるためにはまず、カレンの人々の生業システムの特性を理解する必要がある。焼畑耕作に従事するT村のカレンの人々のあいだには、多様な生業形態を確保し、その多様性を最大限利用するという志向がみられる。言い換えれば、一つの生業手段を重視し、その拡大再生産や利潤の最大化を図るという発想はない。観光を導入する際にも、既存の生業を放棄し、観光を主たる生業に転換するといったことはしてこなかったのである。端的にいえば、彼らの観光への向き合い方は極めて「控えめ」である。しかし、そのことこそが、コロナ禍の人やモノの移動が制限された状況を生き抜くことを可能にしたともいえる。

本章では、こうした「資本の論理」とは一線を画したカレンの人々の観光への向き合い方をモラル・エコノミーという視点から捉え直し、彼らの観光実践が、決して辺境地域の特殊な事例ではなく、ポスト・コロナ時代の観光のあり方を模索していくための、豊かな示唆を含んでいることを示したい。

2 T村の概要

タイ北西部のメーホンソン県、ナムトック・メースリン国立公園内に位置するT村は、人口二五世帯ほどの小さな村である。この村では、一九九九年以来、地元のNGOなどと協働で、CBTを運営してきた。先行してCBTを導入していた、周辺のもう一つの村とともに、T村は二〇〇七年にはタイ政府観光庁より「優秀観光コミュニティ賞」(Most Outstanding Tourism-based Community Awards)を受賞している。

この村の住民の多くは、一年耕作したのち七~一二年ほどの休閑期間をおいて一定のサイクルで耕作地を移動する焼畑耕作に従事している。焼畑では、主食となる陸稲の他、キュウリ、ナス、イモ類、カボチャ、香草など多種多様な作物を自家消費用に栽培している。また、焼畑以外にも、水田、森での狩猟採集、川での漁労など多様な生業活動を組み合わせて、暮らしている。こうした自給的な生業の一方で、換金用に水牛や牛、ブタなどの家畜飼育も行っており、主たる現金収入の手段の一つとなっている。このようにカレンの人々は、市場経済に包摂されながらも、一つの生業に特化しない複合的な生業形態を保持することで、一定水準の自律的な暮らしを維持してきたのである。それゆえ、一時的な村の封鎖は都市に暮らす人々ほどには大きな問題にはならなかったのである。

3 CBTの運営

こうした複合的な生業形態は、カレンの人々の観光への向き合い方にも影響を与えている。そこで次に、T村におけるCBTの運営手法について紹介していきたい。T村では、(1)CBTグループ（klum thong thiaw）、(2)女性グループ（klumsatri）という二つの住民組織を作って、協同でCBTの運営を行っており、個人事業として観光業に従事している住民はいない。

(1) CBTグループ

通常、ツーリストは村に滞在中、村内のいずれかの家にホームステイをしながら、ローカル・ガイドの住民とともに、焼畑や周辺の森を歩き、カレンの生活文化や資源利用について学んだり、体験したりする。こうした村内の観光プログラムの管理・運営に携わっているのが、CBTグループである。ホームステイの受け入れやローカル・ガイドとなる村人は、年間一〇〇バーツ[(2)]の会費を支払って、CBTグループに加入しなければならない。

CBTグループのメンバーは、村内で定期的にミーティングを行い、ホスト・ファミリーの選定をはじめ、CBT運営に関するさまざまなルールを決めている。たとえば、T村を訪れるツーリストは、CBTグループが設定した以下のような金額を支払うことが定められている（二〇一八年現在）。

・ホームステイ：一泊一八〇バーツ／一名
・食事：一食八〇バーツ／一名
・ローカル・ガイド：一日二〇〇バーツ／一名

また、ホームステイは、原則一世帯あたり二名を受け入れ上限とし、ローカル・ガイドもツーリスト二名につき一名配置するといったルールを設けて、できるだけ多くの世帯に観光からの利益を分配できるように配慮されている。たとえば、六名のツーリストがT村を訪れた場合、三世帯がホスト・ファミリーを引き受け、（ホスト・ファミリーとは異なる世帯から選ばれた）三名がローカル・ガイドとなる。結果、合計六世帯に観光からの収益が分配される仕組みとなっている。なお、観光から得られる収益のうち、二〇％はCBTグループの運営資金として、他地域への視察や村内の観光案内所の維持・補修などに充てられている。

（2）一バーツ＝約三・五円。

(2) 女性グループ

女性グループとは、草木染め織物の生産・販売を行う協同組合である。もともとカレンの人々は、焼畑で収穫した綿花で糸を紡ぎ、それを森で採れるさまざまな草木で染めたもので、民族衣装や布バッグ、寝具などを作ってきた。機織りは一般に「女性の仕事」とされ、カレンのライフコースでは、子は母親から織物を習い、民族衣装を自分で織れるようになると「子ども」(hposaf ho) から「娘」(muf k'nauz) になるとされてきた。

北タイ・カレンの全般的な傾向としては、糸紡ぎや草木染めは衰退し、市販の糸を使って織物をすることが一般的になりつつある。しかし、ツーリストは総じて草木染めの織物を「より真正なもの」として好むため、T村では草木染めの技術が継承されてきた。言い換えれば、CBT導入を契機に、草木染め織物が復興・再生されてきたのである。これは観光客の間で自然志向なモノを求める傾向が強く、それにカレンの人々が応答した結果ともいえる。しかし、こうした村落では近年、草木染めの織物が単なる観光客向けの商品としてではなく、自家消費用としても積極的に利用されるようになってきている。言い換えれば、観光客のまなざしをきっかけに、「草木染めの織物=カレン文化」として、カレンの人たち自身が「客体化」(太田 1993) していったのである。

とはいえ、草木染め織物のすべての工程を個人で行うには、手間がかかる。そこで、糸紡ぎや染色などの作業に関しては、協同組合を組織し、そのメンバー間で共同・分業作業で行うようにしたのである。そして、その後の機織りは個人で行い、織物のデザインや何を織るのかなどは、各々の才覚で決められる。しかし、斬新なデザインなどは敬遠され、自家消費用としても使用できるよう、肩掛けバッグやスカーフ、民族衣装などカレンの人々自身が日常的に使用するものを織る傾向が強い。

こうして各人が生産した織物は、観光客が訪れた際に、女性グループがまとめて管理・販売を行う。村内で観光客に販売する以外にも、国内外のイベントなどで販売することもあり、女性グループのメンバーのなかには、海外のイベントに招聘され、織物の実演や販売に携わった経験をもつ者もいる(3)。

4 「CBTはビジネスではない」

以上、T村で行われているCBTについて概観してきたが、筆者は滞在中に聞き取りをしていると、何度となく「CBTはビジネスではない」という語りに出会った。調査者である以上、CBTを導入したことで、各世帯の経済状況がどのように変わったのかは、ぜひとも知りたいところだが、収益について根掘り葉掘り聞いていると、決まってこういう言葉が返ってきた。では、もし「ビジネスではない」と

(3) 販売額の八〇%は生産者に還元され、二〇%は女性グループの運営資金に充てられる。個人や年によって変動はあるものの、概ね年間三〇〇〇バーツほどの収入を得ている。

いうのであれば、カレンの人々はどのような姿勢でCBTに関わっているのだろうか。そこで本節では、「CBTはビジネスではない」というカレンの人たちの語りに込められた意図について考えてみたい。

(1) 社会運動としての観光

前述したように、この村では住民の多くが焼畑耕作に従事している。しかし、タイでは本来、国立公園内の焼畑耕作は違法であるため、正式な土地権・森林利用権はなく、国立公園局とのインフォーマルな合意によって黙認されているに過ぎない。

タイでは、従来、山地民の行う焼畑が森林破壊の元凶とされてきた。しかし、山地民のなかでも特にカレンの人々が伝統的に行ってきた焼畑は、一定のサイクルで耕作・休閑を繰り返すことで、必ずしも森林破壊に直結しないという主張が、NGOやカレン自身によっても声高に叫ばれるようになってきている。こうしたなか、持続可能な資源管理を可能にしてきたカレンの「在地の知恵」を外部に発信していく気運も高まっている。この地域でCBTが導入されたのも、そういう文脈においてである。彼(女)らは、観光を通じて、カレンの伝統農法を外部に伝え、焼畑に対する誤った偏見をなくそうと試みているのである。言い換えれば、T村のカレンの人々にとって、観光とはビジネスではなく、自分たちの声を社会に向けて発信していく、戦略的な自己表象の手段でもあるのである。カレンの人々が「ＣＢＴはビジネスではない」と語る時の含意もそこにある（須永 2012a）。

(2)「ツーリストの受け入れは、月に一回でちょうど良い」

Ｔ村では、ホスト・ファミリーやローカル・ガイドをローテーションにすることで、多くの世帯がＣＢＴから利益を得ることが可能となっている。もともとこのローテーションは、観光からの利益が特定の世帯に集中することで村落内の格差が広がるのを防ぐ目的で考案されたものであり、「各世帯の観光客受け入れは、一週間に一回まで」というルールも設けられている。しかし、この村の住民の多くは「そんなルールがなくても、一週間に二回以上も受け入れる余裕なんてない」と述べる。実際には「受け入れは、月に一回ほどで良い」と考える住民も多い。

自給的な焼畑を主な生業としているカレンの人々が、十分な現金収入を得ているとは言い難い。山間部の小さな村でも高度消費社会の影響は無縁ではなく、バイクや携帯電話，テレビなどの耐久消費財への購買意欲は年々増している。であるならば、ＣＢＴは貴重な現金収入の手段ともいえる。それにもかかわらず、カレンの人々は、観光によって収入の最大化をはかることには消極的で、観光をあくまで副収入として位置づけている。カレンの人々にとって重要なことは，観光収入の最大化ではなく、もともとの生業との両立なのである。

こうした一つの生業に特化しない多様性への志向は、実はカレンに限らず焼畑耕作民に広くみられる特徴である（清水 1990; 横山 2013）。たとえば、かつて焼畑耕作を行うフィリピン先住民アエタの間で調査を行った清水展は、その生業システムの特徴を「多様性の確保とその最大限の利用」と論じた（清水 1990: 115）。単一の生業にすべてを賭けることを嫌い、多様な生業手段を常に確保しようとするアエタの人々にとって、新しい生業手段の導入はそれ以前の生業を放棄させるものではなく、ひとつの有力な選択肢を加えるにとどまるという（清水 1990: 8）。

以上のような、焼畑耕作民の生業システムに関する知見を踏まえれば、カレンの人たちのCBTへの向き合い方は、観光が多様な生業の一つとして焼畑耕作民のエートスに取り込まれていったことの証左ともいえる。言い換えれば、観光収入の最大化を意図的に放棄することで、自律的な生活の基盤となる複合的な生業形態を維持してきたのである。

こうした観光に対する姿勢は、経済人類学のなかで論じられてきたモラル・エコノミーにも通ずる。古典的な経済学において、人間は経済活動をする際に資本主義的原理（利益の最大化）に基づいて行動することが前提視されてきた。それに対して、一部の人類学者は、資本主義的原理よりも、互酬性やサブシステンス（生存維持）といった、そのコミュニティの倫理的・道徳的な基準に重きを置くような経済が存在することを、具体的な民族誌的事例から明らかにしてきた。(4) そのようなロー

(4) たとえば『アフリカ研究』誌上では、「アフリカ・モラル・エコノミーの現代的視角」と呼ばれる特集号が組まれ、モラル・エコノミーをめぐる今日的課題についてさまざまな角度から論じられている（cf. 杉村 2007）。

カルな倫理や道徳に即した経済のあり方が、モラル・エコノミーと呼ばれるものである（スコット 1999）。観光事業の拡大を目指すのではなく、観光を多様な生業形態のオプションに加え、さらなる生業の複合化を図って、自律的な「サブシステンス」を維持しようとするカレンの人々の姿勢もまた、一種のモラル・エコノミーと呼ぶことができるであろう。

新型コロナウイルスのパンデミックは、経済的に観光に依存してきた地域に甚大な影響をもたらした。それに対して、複合的な生業という焼畑耕作民のエートスを重視するカレンの場合、普段の観光収入はもともと少ないが、そうであるがゆえに一時的に観光客の流入がストップしたところで、深刻な打撃を受けることはなかったのである。

5　P村の事例

ただし、生業複合という、サブシステンスの維持を目指すカレンのモラル・エコノミーは、焼畑耕作に従事する「伝統的な」カレンにとどまらない。そこで次に、常畑や換金作物栽培など、より市場経済に包摂された世界を生きるカレンの人々の事例を紹介したい。

タイ最高峰インタノン山麓に位置するP村は、かつて梅棹忠夫が『東南アジア紀行』のなかで「桃源郷」と称した村でもある。しかし、今日年間五〇万人が訪れるドイ・インタノン国立公園内に位置しているP村は、もはや梅棹が訪れたときのような「桃源郷」の雰囲気はない。かつて行われていた焼畑も国立公園に制定された一九七〇年代に禁止され、それ以来P村の住民は水田による自給米栽培と生花や高原野菜などの換金作物栽培を主たる生業としている。特に、ドイ・インタノン国立公園は、山地の商品作物栽培の推進・普及を目指す王立農業プロジェクトの拠点の一つでもあるため、さまざまな換金作物栽培が試行的に行われてきた。それゆえ同じカレンであっても、P村の生業形態はT村とはだいぶ異なっている。

P村では、二〇〇五年からCBTが運営されている。導入当時は、北タイで最も有名な国立公園内にありながらも、山頂へとつながる舗装道路からは離れていたため、P村を訪れる観光客はほとんどいなかった。しかし、周辺地域が映画やテレビドラマの撮影に使われるなど、マスメディアで取り上げられることも多く、タイ人観光客を中心に訪問者数が急増していた。P村にも、観光の波が押し寄せるのは時間の問題であった。今、自分たちが動かないと、国立公園当局によるトップダウンで観光の導入が進められてしまうかもしれない。そのような懸念が住民のあいだに沸き起こるなか、NGOやツアー会社などの協力を得ながら、よりボトムアップなCBTを導入していくことにしたのである（須永 2012b）。

しかし、その運営手法は、T村とは大きな違いがある。P村では、住民のプライバシーを守るという理由から、ホームステイは受け入れておらず、ツーリストは二棟ある村内のバンガローに宿泊する。それゆえ、P村で受け入れることができるツーリストは、一日二組のみである。

この二つのバンガローは、P村内の一〇〇世帯を超える住民が出資して、住民自身が協働で建てたものである。一年に一回、収支決算を行い、収益はメンバー内で分配している（ただし収益の一〇％は、CBTを運営する組合の活動費に充てられる）。ちなみに世帯あたりの分配額は、出資額によっても違ってくるが、おおよそ五〇〇〇バーツほどだという。このように各世帯に分配される収益は決して多くない。年間五〇万人が訪れる国立公園内にあることを考えると、バンガローを増設すれば、より多くの利益が得られるであろう。しかし、村内の観光事業を拡大していくことに対して、P村の住民は消極的だ。その理由を問うと、皆声を揃えて「観光は副業にすぎない」と言う。

P村の人々は、決して観光に対して消極的であるわけではない。P村を訪れるツーリストは、住民の案内で、周辺の水田や畑へ行ってカレンの生業を見学・体験する他、周辺の森へのトレッキングやマウンテンバイク・ツアーに出かける[5]。生業形態こそ異なるものの、P村の人々もまた、山川草木やカレンの生活文化について熱心に語り、そのことにある種の「誇り」を見出している。観光事業としては非常に小規模な状態を維持しながら、その範囲内で積極的に観光に関わっていくという選択を採っているのである。

（5）　ドイ・インタノン公園内でガイドをする際には、国立公園局の研修を受けた上で、資格を得ることが必要となる。また、CBT運営をサポートするNGOなども、ローカル・ガイド育成のためのさまざまなトレーニングの機会を提供している。二〇一八年現在、P村にはガイド資格を有する住民が一六名おり、宿泊客の要望に応じて周辺の案内を行っている。また、通常のガイドの他に、マウンテンバイクのツアーに特化したガイド（六名）や、テナクと呼ばれる伝統的な弦楽器の演奏を披露する人（一名）などもおり、それぞれ一回三〇〇～五〇〇バーツほどの日当を得ている。

6 もう一つの普遍として／に向けて

かつて、途上国を中心に、プロプアー・ツーリズム（Pro-Poor Tourism）と呼ばれる観光に注目が集まっていた。プロプアー・ツーリズムとは、先住・少数民族など貧困状況に置かれている人々に、観光を通じて貧困の改善や経済的自立を促すことを目指した観光開発のあり方である。しかし、ある種の社会的弱者の人々に対し、観光を経済的自立の手段として導入する際には注意が必要である。なぜなら、観光の導入を契機として、既存の生業形態が変化し、観光という不安定な市場に従属するという不均衡な構造を作りだしてしまう危険性があるからである（須永 2011）。パンデミックによって甚大な影響を受けた地域の多くが、観光に経済的に依存する地域であったことを踏まえれば、こうした危険性に今一度自覚的になることは、ポスト・コロナ時代の観光のあり方を構想していく際に重要になってくるであろう。そうしたときに、観光を複合的な生業システムに組み込むことで、「資本の論理」に抗う観光実践を作り上げてきたカレンの人々の実践を、辺境地域の特殊な事例としてではなく、豊かな示唆を含んだ「もう一つの普遍」として捉え直していくことは重要な視座といえるであろう。

参考文献

梅棹忠夫（1964）『東南アジア紀行』中央公論社
太田好信（1993）「文化の客体化――観光をとおした文化とアイデンティティの創造」『民族学研究』57(4): 383-410
清水展（1990）『出来事の民族誌――フィリピン・ネグリート社会の変化と持続』九州大学出版会
杉村和彦（2007）「アフリカ・モラル・エコノミーの現代的視角――序章　今日的課題をめぐって」『アフリカ研究』70: 27-34
スコット、J（1999）『モーラル・エコノミー――東南アジアの農民叛乱と生存維持』高橋彰訳、勁草書房
須永和博（2011）「コミュニティ・ベースド・ツーリズム」、安村克己ほか編『よくわかる観光社会学』ミネルヴァ書房、三四―三五頁
――（2012a）『エコツーリズムの民族誌――北タイ山地カレンの生活世界』春風社
――（2012b）「資本の論理に抗する観光――タイ北部のコミュニティ・ベース・ツーリズムから展望する観光の可能性」『交流文化』12: 14-21
横山智（2013）「生業としての伝統的焼畑の価値――ラオス北部山地における空間利用の連続性」『ヒマラヤ学誌』14: 242-254

13章　COVID-19下の宗教観光を考える
——宗教的非日常が構築する日常的感覚

安田　慎

1　COVID-19下の新たなマッカ巡礼

二〇二〇年七月中旬にサウディアラビアのマッカ（メッカ）で実施されたイスラームの巡礼儀礼（ハッジ）の映像は、COVID-19以後の宗教や観光、人の移動の変化を象徴的に示すものであったと言える。巡礼の実施にあたり、サウディアラビア政府は対象者を国内在住者に限定し、事前のPCR検査やマスク着用、ソーシャル・ディスタンスの確保に加え、巡礼儀礼実施前後の二週間の隔離という徹底した対策を取ってきた（東京新聞 2020b）。さまざまなメディア媒体を通じて発信されてきた二〇二〇年の巡礼儀礼は、COVID-19後の宗教観光やイスラームの新たな姿を示す象徴的出来事として、記憶されることであろう[1]。

日本においても同様に、COVID-19拡大のために二〇二〇年には、各地で宗教行事の中止や延期、開催規模の縮小に見られる、宗教実践のさまざまな場面での

（1）　二〇二一年も二〇二〇年と同様に、国内在住者に限定して実施した。

制限が課されてきた。私たちの社会生活のなかにさまざまな形で組み込まれてきた宗教実践が欠落する状況は、日常生活のなかで培ってきた宗教的なモビリティや時間感覚、身体感覚のあり方、社会関係の構築の仕方にも多大なる影響を及ぼしている。

既に本書における各章のなかで論じられてきたように、世界的なCOVID-19の流行に関しては、観光産業の危機的状況や、身体的移動にともなうさまざまなリスクと、その対処をめぐる問題が議論されてきた。他方で、私たちの社会生活のなかから観光が欠落していく状況は、「非日常」の欠落や日常生活の変容に留まらず、社会生活がいかなるものであるのかを認知することを不可能にしてしまう、という問題を孕んでいる。

アルノルト・ファン・ヘネップやヴィクター・ターナーをはじめとする、通過儀礼をめぐる古典的研究が示すように、私たちの日常の社会生活は、日常生活のさまざまな制約や人間関係が無化される「反構造」としての過渡的状態、すなわち「コミュニタス」を通じてはじめて認知可能となる（ファン・ヘネップ 1977; ターナー 2020）。それゆえ、私たちはコミュニタスを通じてこそ、普段の日常的な社会規範や人間関係、身体感覚を新たに構築し、知覚していく。観光研究者のネルソン・グレイバーンは、ヴィクター・ターナーのコミュニタス論を援用しながら、観光や旅行の持つ社会的役割を指摘する（グレイバーン 2018）。そこでは、日常生活とは異なる空間に身体を置く「反構造」としての観光や旅行を通じて、個人の日常が写し鏡のように可視化されていく様を描き出している。

他方で、これら一連の研究の時代とは社会環境が大きく変わり、観光をはじめとするヒトやモノ、資本、情報をめぐる動きが流動化した「モビリティ社会」のなかでは、日常や非日常をめぐる前提や諸概念が、従来とは異なっている点を見て取る必要がある（Sheller & Urry 2006）。世界的にモビリティが常態化したなかで、突如として流れが止まってしまう状況下において、私たちはいかなる日常や非日常を描き出していくのだろうか。特に、COVID-19下において宗教観光をはじめとする宗教行事や宗教儀礼が突如として遂行できなくなった社会環境は、非日常的なモビリティが欠落するだけでなく、それによって私たちの日常的な社会規範や人間関係、身体感覚も不可知なものとなり、再布置することが求められる場となってきたと捉えなければならない。

その際、歴史的にも、現代社会においても国際的なモビリティの最前線に位置してきたイスラームの宗教観光、なかでもマッカ巡礼を論じることは、多くの示唆に富む論点を提供するであろう。マッカ巡礼が感染症対策をめぐる国際的な枠組みを早急に構築することに成功し、イスラームだけでなく、COVID-19以後の世界のモビリティを牽引する役割を果たしている点からも、その重要性を無視することはできない。この点で、マッカ巡礼をめぐる動向をまとめることは、COVID-

19以後の観光のあり方を考える際の、ひとつの参照軸になるであろう。

そこで本章では、COVID-19以後のイスラームの宗教観光、なかでもマッカ巡礼をめぐる動向を見ながら、再定式化される日常／非日常のあり方を考えていきたい。COVID-19によってモビリティが突如として停止した状況のなかで、人々はいかに日常の社会規範や人間関係、身体感覚を生み出す宗教的なコミュニタスを再生しようとしてきたのか、マッカ巡礼の再開をめぐる対応を見ながら、その内実に迫っていきたい。

2 COVID-19下におけるマッカ巡礼と宗教的非日常

イスラームにおけるマッカ巡礼（ハッジ、ウムラ）[2]は、ムスリム（イスラーム教徒）が果たすべき宗教実践のひとつとして、時代や地域を超えて社会のなかでその価値が共有されている（安田 2020）。マッカ巡礼のなかでも、イスラーム暦の定められた時期に特定の儀礼を行うハッジは、啓典クルアーン（コーラン）にも明示的に定められた宗教的義務として、イスラームのなかでも最も重視される宗教実践のひとつと捉えられてきた。COVID-19以前には、ハッジの時期には二〇〇万人以上を、それ以外の時期でもウムラとして、数千万人規模で巡礼者をマッカは受け入れてきた。

マッカ巡礼は単なる宗教的義務という側面を超えて、ウンマ（イスラーム共同

（2） ハッジとは、一年間の定められた期間に規定の儀礼をすべて行うものであり、ウムラはそれ以外の期間や儀礼を省略した際の名称である（安田 2020）。

体）の連帯の度合を、信徒や非信徒に可視化する役割を果たしてきた。実際、歴史を通じて世界各地に張り巡らされたマッカ巡礼の国際的モビリティをめぐる諸社会制度は、ヒトやモノ、資本、情報、知識の集積と円滑な伝達をもたらし、世界各地のムスリム・コミュニティを結びつける役割を果たしてきた（安田 2020）。二十一世紀に入ってからは、より多くの巡礼者で密集する光景や景観、その背後にある集積する資本を可視化することが、ウンマとしての連帯を可視化する手段として認知されてきたと言える。それゆえ、サウディアラビアの巡礼省を中心に、イスラーム協力機構、各地のイスラーム関連組織やコミュニティが積極的に関与し、国際的な枠組みが構築されてきた。

多くの関係者たちの尽力によって毎年遂行されているマッカ巡礼であるが、過去には何度も政治的混乱や自然災害、疫病によって巡礼儀礼が遂行できない事態に陥ったのも事実である。中世には何度もマッカでの騒乱や疫病の流行で、ハッジが行われなかったことが、歴史書に記載されている（Al-Kirani 2020）。その度に、関係者たちの尽力によって、早急に再開されてきた。二十一世紀に入ってからも、二〇〇二年の重症急性呼吸器症候群（SARS）や、二〇〇九年の新型インフルエンザ（H1N1）の流行があったが、サウディアラビア政府は新たな感染症対策と国際的な防疫システムを構築することで、巡礼そのものを止めることはなかった。

しかし、二〇二〇年に入ってからのCOVID-19の世界的流行では、マッカ巡礼そのものを全面的に停止する事態へと追い込まれていった。中東諸国各地で感染者が拡大するなかで、サウディアラビア政府は二月末に国外からの巡礼者の受け入れ停止や、聖モスクを封鎖してしまう（東京新聞 2020a）。インターネット上のライブストリーム画面越しに映し出された、巡礼者が一人もいないカアバ聖殿の姿は、今までの巡礼者で溢れた姿からは想像もできない、静寂に包まれた空間として、強いインパクトを残すことになった。実際この時期には、各国で都市のロックダウンや、モスクをはじめとする宗教施設の封鎖、集団礼拝の自粛や禁止といった措置が相次いで取られ、日常生活においても宗教実践の遂行が困難な状況が続いてきた。

聖モスクの封鎖が続くなかでも、ハッジの諸儀礼を遂行するために、サウディアラビアでは巡礼省を中心に、新たな国際的枠組みを定めていった。六月にはイスラーム諸国各地で宗教施設の封鎖解除や、宗教実践の再開にあたっての感染症対策が制定され、サウディアラビア政府も六月下旬になると聖モスクの封鎖を解除した。そしてハッジを予定どおり七月に、国内在住者に限定したうえで実施する方針を示した（東京新聞 2020b）。感染者を一人も出さずにハッジのすべての儀礼を終えたことをふまえ、マッカ巡礼は徐々に正常化の道筋をつけていく。

新たな感染症対策をほどこしたハッジ儀礼が一人も感染者を出さなかったことをふまえ、サウディアラビア政府は徐々に国内外の巡礼者の受け入れを拡大していく。十月四日には国内の巡礼者の受け入れを再開し、十一月には、国外からの巡礼者の受け入れも再開するに至っている（ＮＨＫ 2020）。サウディアラビア政府の受け入れ拡大に応じて、世界各地のムスリム・コミュニティにおいても、巡礼を専門とする旅行会社が相次いで巡礼ツアーを再開し、マッカ巡礼が再び活性化するに至っている。二〇二〇年後半に各地で再開されたマッカ巡礼ツアーを通じて、世界各地でマッカ巡礼をめぐる国際的なモビリティは再構築されていった。

マッカ巡礼をめぐる国際的枠組みは社会状況に応じて変化しているが、ここでは二〇二一年七月に実際されたハッジをめぐる対策を確認しておきたい（MoH 2021）。二〇二一年のハッジはサウディアラビア国内の在住者に六万人に限定され、予防接種や感染を通じたＣＯＶＩＤ－19に対する免疫を持っていることを前提としている。その上で、一定期間の隔離措置や聖域におけるマスク着用、ソーシャル・ディスタンスの遵守が求められた。他にも、行動履歴を掌握するためのモバイル・アプリ（Tawakkalna app）のダウンロードや起動を義務づけている。さらに、個人の位置情報や健康状態を二十四時間体制で計る専用の腕バンドの着用を通じて、個人の行動履歴や健康状態もすべて管理される。あるいは、二〇二〇年に既に導入されていた、専用アプリ（Eatmarna）による予約システムを使って、聖地周辺における混雑を緩和する措置も講じていた。

このようにＣＯＶＩＤ－19におけるマッカ巡礼をめぐる新たな国際的モビリティを構築するなかで、従来のイスラームとは異なる宗教実践が具体化されてきた。その際、サウディアラビア政府だけでなく、世界各地の多様な関係者たちによる多くの資本や時間、労力が投下されることによって、システムが早急に構築された点を見て取ることができる。

3　パフォーマンス・アプローチが描き出す、日常のための非日常

ＣＯＶＩＤ－19の拡大下でも、マッカ巡礼はサウディアラビアによる制度設計のもとに継続され、世界各地のムスリムたちはマッカを来訪したいと願い、実際に移動し続けてきた。イスラーム諸国においても感染拡大が続き、日常生活に重大な支障をきたしているにもかかわらず、世界各地のムスリムたちがマッカ巡礼のために多くの資源と労力を投入し続けているのは、一見すると奇妙な状況に映る。なぜ人々はここまでしてマッカ巡礼を行い続けようとしているのだろうか。この理由について、ムスリムの信仰心の厚さや、ムスリム社会のなかに占める宗教の重要性という観点から考察することも可能であろう。ただ観光研究におけるパフォーマンス・アプローチを参照すると、そうした議論とは異なる姿が浮彫りになるのではないか。

観光研究におけるパフォーマンス・アプローチは、観光実践を社会的「パフォーマンス」として捉え、日常と非日常の二項対立的な構図を超克し観光を再考しようとしてきた。とくにティム・エデンサーは、観光者が日常生活の慣習や身体感覚

を、非日常的なものだとされる観光の現場に持ち込んでいくと考える（Edensor 2006）。彼によれば、従来の観光研究が考えてきたことと異なり、日常と非日常という区分は決して対立的なものではなく、つねに相互に交渉・干渉されてゆくものであるとされる。

ただし、観光実践は日常生活における慣習や身体感覚のすべてが、必ずしも反映されるわけではない。観光者は自らを取り巻いている外部環境との交渉のなかで、日常生活とは異なるパフォーマンスを具現化していくのである。しかも外部環境との交渉のあり方は、観光空間を特徴づけているマテリアリティ（物質性）に規定されるがゆえに、日常生活とまったく同じパフォーマンスは実現され得ず、観光空間独自の観光実践や観光経験が具現化される。

このパフォーマンス・アプローチにおける日常と非日常をめぐる議論を踏まえると、観光実践を通じて日常生活における慣習や身体感覚が機能しない経験をすることこそが、逆に日常性を構築していく、という逆転した構図を導き出すことができる。それゆえ、異なった空間や社会環境に身を置く観光をはじめとする非日常的なモビリティは、日常を強く逆照射する役割を果たしている。そして、私たちが普段の生活のなかで体感する「日常」とは、実は「非日常」を生み出す外部環境とのパフォーマンスを通じてしか生み出すことができない、と捉えることができる。

パフォーマンス・アプローチの以上の議論を踏まえたうえで、ＣＯＶＩＤ－19の拡大下でのイスラームの宗教観光を捉え直してみると、宗教的な日常と非日常をめぐる異なった論点が明らかになる。ここではむしろ、さまざまな形で宗教実践が制限され、宗教的な日常や非日常を生み出す外部環境が社会生活のなかから奪われていく過程で、マッカ巡礼が宗教的日常を構築するための装置として、人びとの間で強く希求されるようになってきたと考えることができる。むしろ、マッカ巡礼がもたらす宗教的非日常の存在こそが、世界各地のムスリムたちの宗教的日常を再定式化する原動力となっており、それゆえに、この困難な状況下においても継続している、と捉えることができるのだ。

4　COVID-19以後の宗教的日常／非日常を構想する

本章では、COVID-19拡大下のイスラームの宗教観光を見ながら、再定式化される日常／非日常のあり方を考えてきた。最後にこれまでの議論をまとめておきたい。

二〇二〇—二一年のCOVID-19の流行は、世界各地のムスリム・コミュニティの宗教的日常を変容させる契機となってきた。特に、感染症対策による移動の制限や宗教施設の閉鎖、宗教行事の中止や信徒同士の集いの制限といったさまざまな制約が課されるなかで、既存の宗教実践の遂行が困難となっていった。その結果、ヒトをはじめとする多様なモビリティを集積することを標榜してきた現代の宗教や、その宗教的価値観にもとづく宗教観光が危機に瀕してきた。感染症の流行のなかで、イスラーム諸国の各地では、感染症対策を取りながら日々の礼拝や宗教施設の再開という、個人の宗教的日常を取り戻す取組み以上に、マッカ巡礼に代表される宗教観光を振興することによって宗教的非日常を早期に再生しようとする試みが優先され、多くの労力が費やされてきた。

日々の宗教実践や信徒同士の集いといった宗教的日常の回復に先んじて、マッカ巡礼という究極の非日常を回復させてきたという点は、相矛盾するように見えるが、観光研究におけるパフォーマンス・アプローチの議論を踏まえると、そこにはまた異なった情景を見出すことができる。パフォーマンス・アプローチでは、観光者はパフォーマンスを通じて、自分が普段の生活のなかで触れる「日常」と、そうでない「非日常」の領域を峻別していく。そして、私たちが普段の生活のなかで体感する「日常」は、常にそれと対峙する「非日常」を生み出す、外部環境との相互交渉を通じてしか生み出すことができないという。つまり、「非日常」を生み出す外部環境を失うことは、「日常」を認識する手立てを失うことになるのだ。

このパフォーマンス・アプローチの議論を援用すれば、COVID-19下における宗教観光は、急激に変容する社会環境のなかで宗教的日常を構築するために欠くことのできない社会的実践、として捉えることができる。むしろ、以前の宗教的日常を遂行することが困難となるなかで、新たな宗教的日常を構築するために、宗教観光という宗教的非日常が積極的に活用されるべきだと結論づけられる。

本章での議論を踏まえると、「不要不急」という言葉で片付けられがちな観光をはじめとする非日常のモビリティたちが、実は私たちの社会生活の基盤となる、なくてはならないものである点が見えてくる。むしろ、COVID-19によって私たちの以前の日常生活が急激な変化を被るなかで、非日常を生み出すパフォーマンスや外部環境こそが、「新たな日常」を構築する重要な基盤となっている点を見て取ることができる。観光とは、かくも奥深い実践として、私たちの前に顕現するのである。

参考文献

グレイバーン、N(2018)「観光——聖なる旅」、V・L・スミス編『ホスト・アンド・ゲスト——観光人類学とはなにか』市野澤潤平・東賢太朗・橋本和也監訳、ミネルヴァ書房、二三五—四六頁
ターナー、V(2020)『儀礼の過程』富倉光雄訳、ちくま学芸文庫
東京新聞(2020a)「メッカ巡礼外国人20% サウジが入国停止」『東京新聞』二〇二〇年二月二十八日
東京新聞(2020b)「聖地メッカ、巡礼者を大幅に制限 儀式中は1.5メートル間隔を徹底」『東京新聞』二〇二〇年七月三十日
ファン・ヘネップ、A(1977)『通過儀礼』綾部恒雄・綾部裕子訳、弘文堂

安田慎（2020）「イスラームの巡礼」、四国遍路と世界の巡礼センター編『四国遍路の世界』筑摩書房、二三九―二五三頁

Al-Kirani, M.（2020）"If Saudi Arabia is forced to put the Hajj on hold, it will not be without precedent," Arab News. https://arab.news/4xx98（2020.9.21 アクセス）

Edensor, T.（2006）"Tourism and Performance," T. Jamal & M. Robinson eds., *The SAGE Handbook of Tourism Studies*, London: SAGE, pp. 543-557

Shelly, M. & J. Urry（2006）"The new mobilities paradigm," *Environment and Planning A*, 38: 207-226

MoH（Ministry of Hajj, Saudi Arabia）（2021） https://www.haj.gov.sa/（2021.6.11 アクセス）

ＮＨＫ（2020）「サウジアラビア　メッカ巡礼　国内に住む人に限り人数制限し再開」https://www3.nhk.or.jp/news/html/20201005/k10012648191000.html（2021.6.11 アクセス）

わ　行

ま　行

や　行

ら　行

な 行

は 行

た 行

さ 行

か　行

事項索引

A-Z

あ　行

ヤ 行

ラ 行

ワ 行

人名索引

鈴木涼太郎（すずき りょうたろう）

獨協大学外国語学部交流文化学科教授。専門は観光研究、観光文化論。著書：『観光という商品の生産――日本～ベトナム旅行会社のエスノグラフィ』（勉誠出版）、『観光のレッスン――ツーリズム・リテラシー入門』（共著、新曜社）、『観光人類学のフィールドワーク』（共著、ミネルヴァ書房）。

藤巻正己（ふじまき まさみ）

立命館大学名誉教授。専門はエリアスタディ（マレーシア・台湾），社会地理学、観光研究。著書：朝倉世界地理講座『大地と人間の物語3　東南アジア』（朝倉書店）、『グローバル化とアジアの観光』（ナカニシヤ出版）、『貧困の超克とツーリズム』（明石書店）。

間中 光（けんちゅう ひかる）

追手門学院大学地域創造学部講師。専門は観光社会学、災害復興論、地域研究（インドネシア）。論文：「災害復興における観光の役割と課題――インドネシア・ムラピ山噴火災害を事例としたダークツーリズムの再定位」（『観光学評論』５巻２号）、「観光をめぐるブリコラージュ実践とダークネス――インドネシア・ドーム型復興住宅群における観光活動を事例に」（『立命館大学人文科学研究所紀要』121号）。

須永和博（すなが かずひろ）

獨協大学外国語学部教員。専門は文化人類学、観光研究、東南アジア地域研究。著書：『エコツーリズムの民族誌――北タイ山地民カレンの生活世界』（春風社）、『観光のレッスン――ツーリズム・リテラシー入門』（共著、新曜社）、『ミュージアムの憂鬱』（共著、水声社）。

安田 慎（やすだ しん）

高崎経済大学地域政策学部准教授。専門は中東地域研究、中東観光史。著書：『イスラミック・ツーリズムの勃興――宗教の観光資源化』（ナカニシヤ出版）、『現代中東における宗教・メディア・ネットワーク――イスラームのゆくえ』（共編著、風響社）、『Religious Tourism in Asia: Tradition and Change Through Case Studies and Narratives』（共編著、CABI）。

著者紹介（執筆順）

松本健太郎（まつもと けんたろう）

二松学舎大学文学部教授。専門は映像記号論、デジタルメディア論、観光コミュニケーション論。著書：『ロラン・バルトにとって写真とは何か』（ナカニシヤ出版）、『デジタル記号論――「視覚に従属する触覚」がひきよせるリアリティ』（新曜社）、『ポケモンＧＯからの問い――拡張される世界のリアリティ』（共編著、新曜社）。

渡部瑞希（わたなべ みずき）

帝京大学経済学部観光経営学科講師。専門は文化人類学、観光人類学。著書・論文：『友情と詐欺の人類学』（晃洋書房）、「観光客の違法ビジネスが作るグローバル市場――タメルにおける宝飾商売の事例」（『フィールドから読み解く観光文化学――「体験」を「経験」にする16章』ミネルヴァ書房）、「観光研究における真正性の再考察――カトマンズの観光市場、タメルで売られる「ヒマラヤ産の宝石」の事例から」（『観光学評論』５巻１号）。

高岡文章（たかおか ふみあき）

立教大学観光学部教授。専門は観光社会学。著書・論文：「参加型観光とその時代――「みる」から「する」へ」（『メディアとメッセージ――社会のなかのコミュニケーション』ナカニシヤ出版）、「観光のつながりの社会学――もう一つの大衆観光について」（『観光学評論』７巻１号）。

石野隆美（いしの たかよし）

立教大学大学院観光学研究科博士課程後期課程、日本学術振興会特別研究員（DC2）。専門は文化人類学、観光研究。論文：「ツーリスト・アクセス――「アクセス」概念が拓くツーリスト像の検討に向けた理論的整理」（『観光学評論』９巻２号）。

橋本和也（はしもと かずや）

京都文教大学名誉教授。専門は観光人類学、文化人類学。著訳書：『観光人類学の戦略』（世界思想社）、『地域文化観光論』（ナカニシヤ出版）、ヴァレン・スミス編著『ホスト・アンド・ゲスト――観光人類学とはなにか』（市野澤・東・橋本監訳、ミネルヴァ書房）。

須藤 廣（すどう ひろし）

法政大学大学院政策創造研究科教授。専門は観光社会学、文化社会学。著書：『観光化する社会――観光社会学の理論と応用』（ナカニシヤ出版）、『ツーリズムとポストモダン社会――後期近代における観光の両義性』（明石書店）、『観光社会学2.0――拡がりゆくツーリズム研究』（共著、福村出版）。

神田孝治（かんだ こうじ）

立命館大学文学部教授。専門は文化地理学、観光学。著書：『観光空間の生産と地理的想像力』（ナカニシヤ出版）、ワードマップ『現代観光学――ツーリズムから「いま」がみえる』（共編著、新曜社）、『ポケモンＧＯからの問い――拡張される世界のリアリティ』（共編著、新曜社）。

編著者紹介

遠藤英樹（えんどう ひでき）

立命館大学文学部教授。専門は観光社会学、ポピュラーカルチャー研究、社会学理論。著書：『Understanding Tourism Mobilities in Japan』（編著、Routledge）、『ポップカルチャーで学ぶ社会学入門――「当たり前」を問い直すための視座』（ミネルヴァ書房）、ワードマップ『現代観光学――ツーリズムから「いま」がみえる』（共編著、新曜社）。

新曜社

アフターコロナの観光学

COVID-19以後の「新しい観光様式」

初版第1刷発行 2021年12月10日

編著者 遠藤英樹

発行者 塩浦 暲

発行所 株式会社 新曜社

〒101-0051 東京都千代田区神田神保町3-9

電話 (03)3264-4973(代)・FAX(03)3239-2958

e-mail info@shin-yo-sha.co.jp

URL https://www.shin-yo-sha.co.jp/

印刷所 星野精版印刷

製本所 積信堂

© ENDO Hideki, 2021 Printed in Japan

ISBN978-4-7885-1747-9 C1026

好評関連書

遠藤英樹・橋本和也・神田孝治 編著
ワードマップ **現代観光学** ツーリズムから「いま」がみえる
現代を特徴づけるものとなった観光。それを学ぶ愉しさを新鮮なキイワードでガイド。
四六判292頁
本体2400円

山口誠・須永和博・鈴木涼太郎 著
観光のレッスン ツーリズム・リテラシー入門
観光の可能性は尽くされたのか。「自由になるための技能」としての観光の画期的入門書。
四六判192頁
本体1400円

山下晋司 編
観光文化学
観光がもたらす時間・空間・モノ・経験から時代の動向を読み取り、現代社会を展望する。
A5判208頁
本体2100円

青木義英・廣岡裕一・神田孝治 編著
観光入門 観光の仕事・学習・研究をつなぐ
観光学部・学科の学生のため、観光関連の仕事と学問を「一冊で見通せる」初めての教科書。
A5判192頁
本体2100円

才津祐美子 著 **日本生活学会今和次郎賞受賞**
世界遺産「白川郷」を生きる リビングヘリテージと文化の資源化
文化遺産を保存すること、その中で生きるとは？ 住民と研究者の視点を交錯させながら探る。
四六判240頁
本体2800円

堂下恵 著
里山観光の資源人類学 京都府美山町の地域振興
里山観光の流行のなかで注目される「象徴的資源としての自然」のメカニズムを緻密に解明。
A5判298頁
本体4700円

（表示価格は税抜き）

新曜社